İNGİLİ

CW01628552

THE TRAIN ROBBERS

TREN SOYGUNCULARI

FONO YAYINLARI
1953 yılından beri...

FONO YAYINLARI: 585
HİKÂYE KİTAPLARI DİZİSİ
ISBN: 978 975 471 609 2

BASKI:
OPTİMUM BASIM (SERTİFİKA NO: 41707)
Tevfikbey Mah. Dr. Ali Demir Cad. No: 51/1
Küçükçekmece - İstanbul Tel: 0212 463 71 25

İSTANBUL • ŞUBAT 2020 • 1. BASKI

SERTİFİKA NO: 44 386

FONO ÖZEL EĞİTİM KURUMLARI VE YAYIN DAĞITIM SAN. VE TİC. LTD. ŞTİ.

MERKEZ: Haramidere, Beysan Sitesi, Birlik Cad. No: 32 K: 3 Beylikdüzü 34524 İstanbul
Tel: 0212 422 07 80 (pbx) Faks: 0212 422 29 01 E-posta: fono@fono.com.tr

İRTİBAT BÜROSU: Barbaros Bulvarı No: 47 K: 4 Beşiktaş 34022 İstanbul
Tel: 0212 422 77 60 (pbx) Faks: 0212 422 45 62 E-posta: yayin@fono.com.tr

THE TRAIN ROBBERS

TREN SOYGUNCULARI

Hazırlayan:

Aslı ÇETİNKAL

ÖNSÖZ

Bu kitap belli bir sözcük çerçevesi içinde ve basit gramer bilgisi dışına çıkmadan yazılmış İngilizce hikâyeleri ve bu hikâyelerin karşısında Türkçe çevirilerini kapsamaktadır.

Hikâyeler Türkçeye çevrilirken güzel bir Türkçe yerine, karşılaştırarak izlemeyi kolaylaştırmak amacıyla, iyi bir ifade şekli olmasa da, metne sadık ve mümkün olduğu oranda sözcük sözcük çeviri tercih edilmiştir.

Hikâyelerin sonunda o hikâye ile ilgili sorular vardır. Bunların cevapları kitabın sonunda verilmiştir.

FONO

İÇİNDEKİLER

THE TRAIN ROBBERS 7
THE DRIVER DIDN'T STOP 65
THE QUIET THIEF 99
THE PROFESSOR 141
CEVAPLAR 175

THE TRAIN ROBBERS
TREN SOYGUNCULARI

THE TRAIN ROBBERS

This was Inspector Thackeray's first big case; it made him famous. The newspapers had reports and pictures of it on their front page. The B.B.C. interviewed the Inspector on radio and television. M.P.s also asked questions about the case in the House of Commons.

Many years later, a famous writer made a book of the robbery. "The Quiet Detective". A lot of people bought this book. They wanted to read about Inspector Thackeray.

Of course, they knew a little about him already. They could remember his thoughtful face and his black pipe. They knew also that he was a good detective. He caught many big criminals. The train robbers were the biggest.

People wanted to know the full story.

CHARACTERS

INSPECTOR THACKERAY

SERGEANT SILVER

B.B.C. NEWSREADER

TREN SOYGUNCULARI

Bu müfettiş Thackeray'ın ilk büyük davasıydı; onu ünlü yaptı. Gazetelerde bunun raporları ve resimleri ön sayfalardaydı. B.B.C müfettişle radyoda ve televizyonda röportaj yaptı. M.P. de avam kamarasında dosya ile ilgili sorular sordu.

Birçok yıl sonra meşhur bir yazar soygunculuğun bir kitabını yaptı. "Sessiz dedektif." Birçok insan bu kitabı satın aldı. Müfettiş Thackeray hakkında okumak istediler.

Tabii ki, onun hakkında zaten biraz biliyorlardı. Düşünceli yüzünü ve siyah piposunu hatırlayabiliyorlardı. Onun iyi bir dedektif olduğunu biliyorlardı. Birçok büyük suçluyu yakaladı. Tren soyguncuları en büyüğüydü.

İnsanlar bütün hikâyeyi bilmek istiyordu.

KARAKTERLER

MÜFETTİŞ THACKERAY

KOMİSER YARDIMCISI SILVER

B.B.C. HABER SPİKERİ

COLIN WALKER (B.B.C. REPORTER)

GUARD

CONSTABLE

POLICE CONSTABLE ROBSON

SCENE 1

(News room. B.B.C. Radio One.)

NEWSREADER: B.B.C. Radio News, at one o'clock. Stories are still reaching us about the big train robbery near Manchester. Our reporter in Manchester is Colin Walker. He has just sent us this report.

WALKER: This is Colin Walker in Piccadilly Station, Manchester. The police have now arrived here in large numbers. I'm standing outside there now. Inside the police are very busy. Telephones are ringing and policewomen have already started to type out reports. A sergeant is putting a large railway map on the wall. And the driver of the train is answering questions in the far corner.

COLIN WALKER (B.B.C. MUHABİRİ)

MUHAFIZ

POLİS MEMURU

POLİS MEMURU ROBSON

SAHNE 1

(Haber odası. B.B.C Radyo bir.)

HABER SPİKERİ: B.B.C. Radyo haberleri, saat bir. Manchester yakınındaki büyük tren soyguncularıyla ilgili hikâyeler hâlâ bize ulaşıyor. Manchester'da muhabirimiz Colin Walker. O şimdi bize bu raporu gönderdi.

WALKER: Ben Piccadilly İstasyonu Manchester'dan Colin Walker. Çok miktarda polis şimdi buraya vardı. Ben şimdi orada dışarda duruyorum. Polis içeride çok hareketli. Telefonlar çalıyor ve kadın polisler raporları çoktan yazmaya başladılar. Bir komiser yardımcısı büyük bir demiryolu haritasını duvara koyuyor. Ve trenin makinisti uzak köşede soruları cevaplandırıyor.

Of, course, the big question is ---- how much money is missing? Well, we don't know that yet. Ah ---- here's Inspector Thackeray He's in charge of the case.

Excuse me. Excuse me --- Inspector ----- Colin Walker, B.B.C.

THACKERAY: I'm sorry, Mr Walker. I'm very busy at the moment. Later perhaps.

WALKER: Just a few questions, sir, before you go in. They'll only take a minute.

THACKERAY: All right, then. One minute.

WALKER: How much money was there on the train?

THACKERAY: Five hundred thousand pounds.

WALKER: Half a million! Why did it have to go by train to Manchester?

THACKERAY: The Bank of England's orders. They wanted to make some new pound notes. So first they had to burn the old ones.

Tabii ki, büyük soru ---- ne kadar para kayıp? Peki, bunu henüz bilmiyoruz. Ah ---- Müfettiş Thackeray burada. O olayla görevlidir.

Affedersiniz. Affedersiniz ---- Müfettiş ---- Colin Walker, B.B.C.

THACKERAY: Özür dilerim, Bay Walker. Şu an çok meşgulüm. Belki sonra.

WALKER: İçeri girmeden sadece birkaç soru, efendim. Sadece bir dakika alacak.

THACKERAY: Peki, o zaman. Bir dakika.

WALKER: Trende ne kadar para vardı?

THACKERAY: Beş yüz bin pound.

WALKER: Yarım milyon! Neden Manchester'a trenle gitmek zorundaydı?

THACKERAY: İngiltere Bankasının emirleri. Onlar biraz yeni bir poundluk banknot yapmak istediler. Bu yüzden önce eskileri yakmak zorundaydılar.

WALKER: And only the Bank of England in Manchester can do that?

THACKERAY: That's right. They had special orders.

WALKER: And who took the money?

THACKERAY: We think there were three thieves.

WALKER: Three? Do you know their names yet?

THACKERAY: No.

WALKER: What have you found out about them?

THACKERAY: I'm sorry. I can't answer that question. I must go now.

WALKER: Inspector .....

THACKERAY: Excuse me.

WALKER: Well, that's the latest news. There were three thieves. And they took half a million pounds. This is Colin Walker, Piccadilly Station, Manchester.

WALKER: Ve sadece Manchester'daki İngiltere Bankası mı bunu yapabiliyor?

THACKERAY: Bu doğru. Onların özel emirleri vardı.

WALKER: Ve parayı kim aldı?

THACKERAY: Üç hırsız olduğunu düşünüyoruz.

WALKER: Üç mü? Henüz isimlerini biliyor musunuz?

THACKERAY: Hayır.

WALKER: Onlar hakkında ne buldunuz?

THACKERAY: Özür dilerim. Bu soruya cevap veremem. Şimdi gitmeliyim.

WALKER: Müfettiş .....

THACKERAY: Özür dilerim.

WALKER: Peki, bu son haber. Üç hırsız vardı. Ve onlar yarım milyon paund aldılar. Ben Colin Walker, Piccadilly İstasyonu, Manchester.

SCENE 2

(The station waiting room.)

THACKERAY: Ah, Sergeant Silver. You've put up the railway map. Good.

SILVER: Ah, there you are, sir. We were waiting for you. Look at this. I think it's important.

THACKERAY: Mm. A cigar-end. What kind is it?

SILVER: I don't know sir. There's no name on it.

THACKERAY: Of course, there isn't. But a detective ought to be able to name any cigar.

SILVER: How?

THACKERAY: By its smell.

SILVER: Sorry sir. I don't smoke.

THACKERAY: Didn't they teach you about these things at the police college?

SILVER: No, sir. There were a few classes on drugs, though.

SAHNE 2

(İstasyon bekleme odası.)

THACKERAY: Oo, komiser yardımcısı Silver. Demiryolu haritasını çıkartmışsınız. İyi.

SILVER: Oo, oradasınız, efendim. Sizi bekliyorduk. Buna bakın. Sanırım bu önemli.

THACKERAY: Mm. Bir izmarit. O ne tür?

SILVER: Bilmiyorum, efendim. Üzerinde bir isim yok.

THACKERAY: Tabii ki, yok. Fakat bir dedektif herhangi bir sigarayı isimlendirebilmelidir.

SILVER: Nasıl?

THACKERAY: Kokusundan.

SILVER: Özür dilerim, efendim. Ben sigara içmem.

THACKERAY: Size böyle şeyleri polis kolejinde öğretmediler mi?,,

SILVER: Hayır, efendim. Uyuşturucu üzerine birkaç sınıf vardı, gerçi.

THACKERAY: Drugs. Mm. Give it to me, then. (He smells the cigar.) Well this is a Havana, lad. Yes --- a Havana. It costs fifty pence.

SILVER: Fifty pence for a cigar? That's quite a lot.

THACKERAY: Where did you find it?

SILVER: On the floor of the guard's van.

THACKERAY: The guard's van. We must go back to the train, then. Have the finger-print men finished there yet?

SILVER: Yes. And the guard feels better now. He says he can answer some questions.

THACKERAY: Good. Where is he?

SILVER: We took him back to the guard's van. He's waiting there for you.

THACKERAY: Alone?

SILVER: No, sir. There's a constable with him.

THACKERAY: All right. Where is this van now?

THACKERAY: Uyuşturucu. Mm. Onu bana ver o zaman. (Sigarayı koklar.) Peki, bu bir havana, delikanlı. Evet --- bir Havana. Fiyatı elli penidir.

SILVER: Bir puro için elli peni mi? Bu oldukça fazla.

THACKERAY: Onu nerede buldun?

SILVER: Muhafız vagonunun döşemesinde.

THACKERAY: Muhafız vagonu. Trene geri dönmeliyiz, o zaman. Parmak izci adamlar orada henüz bitirmediler mi?

SILVER: Evet. Ve muhafız şimdi daha iyi hissediyor. Birkaç soruya cevap verebileceğini söylüyor.

THACKERAY: İyi. O nerede?

SILVER: Onu muhafız vagonuna geri götürdük. Orada size bekliyor.

THACKERAY: Tek başına mı?

SILVER: Hayır, efendim. Onunla bir polis memuru var.

THACKERAY: Tamam. Şimdi bu vagon nerede?

SILVER: At the end of the train. At the far end of the station.

CONSTABLE: Inspector Bates is on the telephone for you, sir.

THACKERAY: Not now, Constable. Tell him I've left. I'm going to the guard's van.

SCENE 3

(Outside the guard's van. Constable Robson is standing in front of the door.)

SILVER: Here's the van, sir. And this is Constable Robson.

THACKERAY: Robson.

ROBSON: Sir.

THACKERAY: Have all the finger print men gone, Constable?

ROBSON: Yes, sir.

SILVER: What did they find?

SILVER: Trenin sonunda. İstasyonun uzak ucunda.

POLİS MEMURU: Müfettiş Bates sizin için telefonda, efendim.

THACKERAY: Şimdi değil, polis memuru. Ona ayrıldığımı söyle. Muhafız vagonuna gidiyorum.

SAHNE 3

(Muhafız vagonunun dışında. Polis memuru Robson kapının önünde duruyor.)

SILVER: Vagon burada, efendim. Ve bu polis memuru Robson.

THACKERAY: Robson.

ROBSON: Efendim.

THACKERAY: Bütün parmak izci adamlar gitti mi, polis memuru?

ROBSON: Evet, efendim.

SILVER: Ne buldular?

ROBSON: Not much. The thieves were wearing gloves.

THACKERAY: Were they?

ROBSON: Yes, sir.

THACKERAY: The guard's inside, isn't he?

ROBSON: Yes, sir.

THACKERAY: Well, we won't need you now. Constable. You must be tired. If you go back to the waiting room you can get a cup of tea.

ROBSON: Right, sir. Thank you.

THACKERAY: Right then. Now we'll hear the guard's story.

SILVER: Allow me, sir. This door's heavy.

THACKERAY: I'll open it, lad. I'm not an old man yet ... You're right, you know. It is heavy.

SILVER: I told you it was.

ROBSON: Çok değil. Hırsızlar eldiven giyiyorlardı.

THACKERAY: Öyle mi?

ROBSON: Evet, efendim.

THACKERAY: Muhafız içerde, değil mi?

ROBSON: Evet, efendim.

THACKERAY: Peki, sana şimdi ihtiyacımız olmayacak, polis memuru. Yorgun olmalısın. Eğer bekleme odasına geri dönersen, bir fincan çay alabilirsin.

ROBSON: Peki, efendim. Teşekkür ederim.

THACKERAY: Peki o zaman. Şimdi muhafızın hikâyesini dinleyeceğiz.

SILVER: İzin verin efendim. Bu kapı ağır.

THACKERAY: Onu ben açacağım, delikanlı. Henüz yaşlı bir adam değilim .... Haklısın, sen bilirsin. O ağır.

SILVER: Öyle olduğunu söyledim.

SCENE 4

(The Inspector and Sergeant Silver go into the guard's van. There are mail-bags and letters on the floor. The guard is sitting on a stool in the corner.)

GUARD: Who are you?

SILVER: This is Inspector Thackeray.

THACKERAY: Perhaps I can ask a few questions.

GUARD: Oh, yes.

THACKERAY: Hey ---- you're still very white. Are you all right?

GUARD: Oh yes, sir. I'm better now.

THACKERAY: A lot of noise here, isn't there?

GUARD: I'll shut the door, sir.

THACKERAY: No, that's all right. My sergeant will do it. He's younger than us.

SAHNE 4

(Müfettiş ve komiser yardımcısı Silver muhafızın vagonuna giderler. Yerde posta çantaları ve mektuplar var. Muhafız köşedeki taburede oturuyor.)

MUHAFIZ: Siz kimsiniz?

SILVER: Bu müfettiş Thackeray.

THACKERAY: Belki birkaç soru sorabilirim.

MUHAFIZ: O, evet.

THACKERAY: Hey ----hala çok beyazsın. İyi misin?

MUHAFIZ: O, evet, efendim. Şimdi daha iyiyim.

THACKERAY: Burada çok gürültü, değil mi?

MUHAFIZ: Kapıyı kapatacağım, efendim.

THACKERAY: Hayır, sorun değil. Komiser yardımcım bunu yapacak. O bizden daha gençtir.

SILVER: (closing the door) And stronger, sir.

THACKERAY: Mm. Yes. Perhaps. Now, first what's your name?

GUARD: Jones. Arthur Jones.

THACKERAY: Put that in your notebook, will you Sergeant? I want you to make notes of this conversation.

SILVER: Yes, sir. "Arthur Jones".

THACKERAY: I think I'll smoke my pipe. If you'll allow me, Mr Jones?

GUARD: Oh yes.

THACKERAY: I can never find my matches. Do you have any matches, Mr Jones?

GUARD: No, sir. I don't smoke.

SILVER: They're in your top right hand pocket,sir. You always put them there.

THACKERAY: Ah yes. Thank you, Silver. Now Mr Jones. Just tell me your story. Nice and slowly.

SILVER: (kapıyı kapatarak): Ve daha güçlü, efendim.

THACKERAY: Mm. Evet. Belki. Şimdi, önce isminiz nedir?

MUHAFIZ: Jones. Arthur Jones.

THACKERAY: Bunu defterine koy, değil mi komiser yardımcısı? Senden bu konuşmanın notunu almanı istiyorum.

SILVER: Evet, efendim. 'Arthur Jones."

THACKERAY: Sanırım pipomu içeceğim. Eğer bana izin verirseniz, Bay Jones?

MUHAFIZ: Oh evet.

THACKERAY: Kibritlerimi hiç bulamam. Hiç kibritiniz var mı, Bay Jones?

MUHAFIZ: Hayır, efendim. Sigara içmem.

SILVER: Onlar sağdaki üst cebinizde, efendim. Onları her zaman oraya koyarsınız.

THACKERAY: Ah, evet. Teşekkür ederim, Silver. Şimdi Bay Jones. Sadece bana hikâyenizi anlatın. İyi ve yavaşça.

GUARD: Well now --- er ---- yes. I was counting the mail-bags ......

THACKERAY: Where?

GUARD: Over here, sir, in this corner.

SILVER: And what time was that?

GUARD: Almost twelve o'clock.

SILVER: Twelve o'clock. Good. Don't stop.

GUARD: Well, I was counting the mail-bags. And there was a knock at the door.

THACKERAY: This door, at the end of the van?

GUARD: Yes, sir. That one. You came in through it.

THACKERAY: Ah, yes. These doors are heavy, aren't they?

GUARD: Yes. They are very thick and very strong. They have to be on a train.

THACKERAY: How many times did they knock?

GUARD: Twice.

MUHAFIZ: Peki, şimdi ---- hmmm --- evet. Posta çantalarını sayıyordum ....

THACKERAY: Nerede?

MUHAFIZ: Orada, efendim, bu köşede.

SILVER: Ve saat kaçtı?

MUHAFIZ: Neredeyse on ikiydi.

SILVER: Saat on iki. İyi. Durmayın.

MUHAFIZ: Peki, posta çantalarını sayıyordum. Ve kapıda bir vurma oldu.

THACKERAY: Vagonun sonundaki bu kapı mı?

MUHAFIZ: Evet, efendim. Bu. Ondan girdiniz.

THACKERAY: Ah, evet. Bu kapılar ağırdır, değil mi?

MUHAFIZ: Evet. Onlar çok kalın ve çok güçlüdür. Bir trende olmak zorundadırlar.

THACKERAY: Kaç kere vurdular?

MUHAFIZ: Iki kere.

THACKERAY: You're certain?

GUARD: Yes, I'm certain.

SILVER: What happened then?

GUARD: Well --- I opened the door.

SILVER: You were guarding half a million pounds?

GUARD: Yes.

SILVER: And you opened the door?

GUARD: Yes.

THACKERAY: Against your orders.

GUARDS: Yes, against my orders. I was wrong.

THACKERAY: But --- why? Why did you open it?

GUARD: The ticket inspector knocks sometimes. I thought it was him.

SILVER: The ticker inspector?

THACKERAY: Emin misiniz?

MUHAFIZ: Evet, eminim.

SILVER: Sonra ne oldu?

MUHAFIZ: Eee --- sonra kapıyı açtım.

SILVER: Yarım milyon dolara mı muhafızlık ediyordunuz?

MUHAFIZ: Evet.

SILVER: Ve kapıyı açtınız mı?

MUHAFIZ: Evet.

THACKERAY: Emirlerinize karşı.

MUHAFIZ: Evet, emirlerime karşı. Hatalıydım.

THACKERAY: Fakat --- neden? Neden onu açtınız?

MUHAFIZ: Biletçi bazen vurur. O olduğunu düşündüm.

SILVER: Biletçi mi?

GUARD: Yes. These are long journeys, you know. He sometimes brings me a cup of tea.

THACKERAY: A cup of tea! Huh! All right. What happened then?

GUARD: Three men came in. They pushed me back into van.

THACKERAY: Three men. Can you remember them?

GUARD: Not very well, really. It happened so quickly.

THACKERAY: Try.

GUARD: Well ---er ---- yes, I know. Two were tall. One was quite short.

SILVER: Can you remember their faces?

THACKERAY: Yes, what about their faces?

GUARD: I couldn't see them. They had nylon stockings over their heads.

SILVER: (writing) "Nylon stockings." What about their clothes? Their shoes?

MUHAFIZ: Evet. Bunlar uzun yolculuklardır, biliyorsunuz. Bana bazen bir fincan çay getirir.

THACKERAY: Bir fincan çay! Huh! Tamam. Sonra ne oldu?

MUHAFIZ: Üç adam içeri girdi. Beni vagonun arkasına ittiler.

THACKERAY: Üç adam. Onları hatırlayabilir misiniz?

MUHAFIZ: Çok iyi değil, gerçekten. Çok hızlı oldu.

THACKERAY: Deneyin.

MUHAFIZ: Peki --- hmm --- evet, biliyorum. İkisi uzundu. Bir tanesi oldukça kısaydı.

SILVER: Yüzlerini hatırlayabilir misiniz?

THACKERAY: Evet, peki ya yüzleri?

MUHAFIZ: Onları göremedim. Kafalarında naylon çorap vardı.

SILVER: (yazarak): "Naylon çorap.". Peki kıyafetleri? Ayakkabıları?

GUARD: Black. Yes ----black coats and shoes. But not the short man. He was wearing a grey coat. Yes, that's right, a grey one.

THACKERAY: What about their hands?

GUARD: They wore gloves.

THACKERAY: Well, what did they do to you?

GUARD: They pushed me into this corner.

THACKERAY: That's a cut on your face, Mr Jones. Did they do that?

GUARD: Oh, yes. They did.

SILVER: With a knife?

GUARD: No. They didn't have knives.

THACKERAY: How did it happen then?

GUARD: One of them was wearing a ring.

THACKERAY: Was he? What king of ring?

GUARD: I'm sorry. I can't remember very well.

MUHAFIZ: Siyah. Evet --- siyah montlar ve ayakkabılar. Fakat kısa adam değil. O gri bir mont giyiyordu. Evet, bu doğru, gri bir tane.

THACKERAY: Elleri peki?

GUARD: Eldiven giyiyorlardı.

THACKERAY: Peki, sana ne yaptılar?

MUHAFIZ: Beni bu köşeye ittiler.

THACKERAY: Yüzünüzde bir kesik var, Bay Jones. Bunu onlar mı yaptı?

MUHAFIZ: O, evet. Onlar yaptı.

SILVER: Bir bıçakla mı?

MUHAFIZ: Hayır. Bıçakları yoktu.

THACKERAY: Bu nasıl oldu, o zaman?

MUHAFIZ: Bir tanesi yüzük takıyordu.

THACKERAY: Öyle mi? Nasıl bir yüzük?

MUHAFIZ: Üzgünüm. Çok iyi hatırlayamıyorum.

SILVER: It cut you. You must remember it.

GUARD: No, sorry. Oh yes ---- there was one thing. It was gold.

SILVER: You're certain?

GUARD: Well, no, I'm not certain. But it was yellow.

THACKERAY: All right. And then?

GUARD: Well, then they tied me to this chair here.

THACKERAY: Yes?

GUARD: (He takes a handkerchief out of his pocket.) Then they tied this handkerchief over my eyes.

THACKERAY: Oh, can I have a look at it? (He takes the handkerchief and examines it.) Thank you. Mm. Blue and white --- yes, it cost quite a lot. We'll keep this hankerchief, Mr Jones.

SILVER: I'll ask the laboratory for a report on it, sir.

SILVER: O sizi kesti. Onu hatırlamalısınız.

MUHAFIZ: Hayır, üzgünüm. O evet ----bir şey vardı. Altındandı.

SILVER: Emin misiniz?

MUHAFIZ: Eee, hayır, emin değilim. Fakat sarıydı.

THACKERAY: Tamam. Ve sonra?

MUHAFIZ: Peki, sonra beni buradaki bu sandalyeye bağladılar.

THACKEREY: Evet?

MUHAFIZ: (Cebinden bir mendil çıkarır.) Sonra bu mendili gözlerime bağladılar.

THACKERAY: Oh, ona bir bakabilir miyim? (Mendili alır ve inceler.) Teşekkür ederim. Mm. Mavi ve beyaz --- ve oldukça pahalı. Bu mendili muhafaza edeceğiz, Bay Jones.

SILVER: Laboratuvardan onun için bir rapor isteyeceğim, efendim.

THACKERAY: Yes. Thank you, sergeant. You take it. (He gives the handkerchief to Sergeant Silver.) Now, Mr Jones. These three men. What did they say?

GUARD: I don't know. I couldn't hear them.

THACKERAY: You couldn't hear them. Why was that?

GUARD: The train was going very fast. It was making a lot of noise.

THACKERAY: Yes, they do, don't they? But tell me --- when did these men leave the train?

GUARD: I don't really know.

THACKERAY: Try to remember. Your answer can help us.

GUARD: Oh yes. Ten minutes later. We stopped at some signals. The train was quiet for a moment. I thought I heard the outside door open. Perhaps they jumped out then.

SILVER: (writing) "Stopped at signals." There is that railway map in the waiting room, sir. That shows the signals.

THACKERAY: Evet. Teşekkürler, komiser yardımcısı. (Mendili komiser yardımcısı Silver'a verir.) Şimdi, Bay Jones. Bu üç adam. Onlar ne söylediler?

MUHAFIZ: Bilmiyorum. Onları duyamadım.

THACKERAY: Onları duyamadın. Neden öyleydi?

MUHAFIZ: Tren çok hızlı gidiyordu. Çok gürültü yapıyordu.

THACKERAY: Evet, gürültü yaparlar, öyle değil mi? Fakat bana söyleyin --- bu adamlar trenden ne zaman ayrıldılar?

MUHAFIZ: Gerçekten bilmiyorum.

THACKERAY: Hatırlamaya çalışın. Cevabınız bize yardımcı olabilir.

MUHAFIZ: O, evet. On dakika sonra. Bazı sinyallerde durduk. Tren bir an için sessiz oldu. Dış kapının açıldığını duyduğumu düşündüm. Belki o zaman atladılar.

SILVER: (yazarak): "Sinyallerde durdu. "Bekleme odasında demiryolu haritası var, efendim. Bu sinyalleri gösterir.

THACKERAY: Yes, it does. I forgot that. We'll have a look at it later.

GUARD: Can I go now, Inspector? I'm still not very well.

THACKERAY: In a minute. I've just one last question.

GUARD: What's that?

THACKERAY: You don't smoke, do you?

GUARD: No, I've told you that.

THACKERAY: Well, one of my policemen found this cigar-end.

GUARD: Where?

THACKERAY: In this van. On the floor here.

GUARD: Well, I didn't smoke it.

SILVER: Who did?

GUARD: I don't know. Oh yes I do ---- I remember now. The short man. He smoked it.

THACKERAY: Evet, gösterir. Bunu unuttum. Ona sonra bir bakacağız.

MUHAFIZ: Şimdi gidebilir miyim, müfettiş? Hâlâ çok iyi değilim.

THACKERAY: Bir dakika içinde. Sadece son bir sorum var.

MUHAFIZ: Nedir?

THACKERAY: Sigara içmiyorsunuz, değil mi?

MUHAFIZ: Hayır, bunu size söyledim.

THACKERAY: Peki, polislerimden bir tanesi bu izmariti buldu.

MUHAFIZ: Nerede?

THACKERAY: Bu vagonda. Burada yerde.

MUHAFIZ: Eee, ben içmedim.

SILVER: Kim içti?

MUHAFIZ: Bilmiyorum. O, evet biliyorum ---- şimdi hatırlıyorum. Kısa adam. Bunu o içti.

THACKERAY: Are you quite certain?

GUARD: Yes. The short one. He never took it out of his mouth.

SILVER: Never?

GUARD: Well, not while I could see him.

(Constable Robson enters.)

ROBSON: Excuse me, sir.

THACKERAY: What is it, Constable?

ROBSON: Telephone for you, sir.

THACKERAY: What's it about?

ROBSON: A man from the B.B.C.

THACKERAY: I've already talked to him.

ROBSON: He was from the radio, sir. This man's from television. It's for the six o'clock news.

SILVER: But we haven't caught the thieves yet.

THACKERAY: Oldukça emin misin?

MUHAFIZ: Evet. Kısa olan. Onu hiç ağzından çıkarmazdı.

SILVER: Hiç mi?

MUHAFIZ: Eee, ben onu görebiliyorken hiç.

(Polis memuru Robson içeri girer.)

ROBSON: Özür dilerim, efendim.

THACKERAY: Ne oldu, polis memuru?

ROBSON: Telefon size, efendim.

THACKERAY: Neyle ilgili?

ROBSON: B.B.C'den bir adam.

THACKERAY: Onunla zaten konuştum.

ROBSON: O radyodandı, efendim. Bu adam televizyondan. Saat altı haberleri için.

SILVER: Fakat henüz hırsızları yakalamadık.

THACKERAY: Perhaps. Perhaps not.

SILVER: Have we?

THACKERAY: I'll see him at the police-station in half an hour, Constable.

ROBSON: Very well, sir. I'll tell him.

THACKERAY: Come on, Silver. You too, Mr Jones.

GUARD: Me? Why me?

THACKERAY: Well, three reasons really. We can talk about them at the police-station. Shall we go?

When Sergeant Silver went on a case with Inspector Thackeray, he always wrote down every word of a conversation. Later, when he had time, he read the complete conversation to himself.

The Inspector worked differently. He only made a few notes. He wrote them down while he was asking the questions. He often read them through while he was waiting for the answers. The notes usually helped him to solve the case quickly.

THACKERAY: Belki. Belki değil.

SILVER: Yakaladık mı?

THACKERAY: Onu yarım saat sonra polis karakolunda göreceğim, polis memuru.

ROBSON: Çok iyi efendim. Ona söyleyeceğim.

THACKERAY: Hadi, Silver. Siz de, Bay Jones.

MUHAFIZ: Ben mi? Neden ben?

THACKERAY: Peki, gerçekten üç sebep. Bunlar hakkında polis karakolunda konuşabiliriz. Gidelim mi?

Komiser yardımcısı Silver müfettiş Thackeray'la bir olaya devam ederken, her zaman konuşmanın her kelimesini yazardı. Sonra, zamanı olduğunda bütün konuşmayı kendisi okudu.

Müfettiş farklı çalıştı. O sadece birkaç not aldı. Soru sorarken onları yazdı. Cevapları beklerken onları sık sık okudu. Notlar genellikle ona olayı çabuk çözmede yardımcı oldular.

We have shown you two pages from the Inspector's notebook. If you have not already solved the case, these notes will help you.

INSPECTOR THACKERAY EXPLAINS

(Manchester Central Police Station. The office of Inspector Thackeray and Sergeant Silver.)

THACKERAY: Come into the office and we'll talk.

SILVER: I'll get a chair for Mr Jones.

THACKERAY: Yes. Good.

SILVER: Oh, and that flower box, sir. Do you really want it on your desk?

THACKERAY: I was going to water my flowers this morning, wasn't I? Yes. You move it please, Sergeant. I need to put my papers here now.

SILVER: Right, sir. I'll put it back in the window.

GUARD: Flowers in a polliceman's office! You are a strange one, Inspector.

Müfettişin defterinden iki sayfayı sana gösterdik. olayı halen çözmediysen, bu notlar sana yardım edecek.

MÜFETTİŞ THACKERAY AÇIKLIYOR

(Manchester Merkez Polis Karakolu. Müfettiş Thackeray ve komiser yardımcısı Silver'ın ofisi.)

THACKERAY: Ofise gel, konuşacağız.

SILVER: Bay Jones'a bir sandalye getireceğim.

THACKERAY: Evet. İyi.

SILVER: Oh, ve bu çiçek kutusu efendim. Onu gerçekten masanızın üstünde istiyor musunuz?

THACKERAY: Bu sabah çiçeklerimi sulayacaktım, değil mi? Evet. Onu taşı lütfen komiser yardımcısı. Şimdi kağıtlarımı buraya koymam gerekiyor.

SILVER: Tamam, efendim. Onu geriye pencerinin içine koyacağım.

MUHAFIZ: Polis ofisinde çiçekler! Siz tuhafl birisiniz, müfettiş.

THACKERAY: You must be a city man, Mr Jones.

GUARD: Yes, I am. I come from London.

SILVER: The Inspector comes from the country.

THACKERAY: And these roses help me to remember it.

SILVER: There you are, Mr Jones. There's your chair.

GUARD: Thank you.

THACKERAY: That's better, isn't it?

GUARD: Yes. Well, Inspector. I've told you my story. What do you want now?

THACKERAY: The answer to one last question.

GUARD: What's that?

THACKERAY: Where have you put the money?

GUARD: Me? I didn't take it.

THACKERAY: Sen bir şehir adamı olmalısın, Bay Jones.

MUHAFIZ: Evet, öyleyim. Londralıyım.

SILVER: Müfettiş kırsaldan geliyor.

THACKERAY: Ve bu güller bana bunu hatırlamamda yardımcı oluyor.

SILVER: İşte, Bay Jones. Sizin sandalyeniz orada.

MUHAFIZ: Teşekkürler.

THACKERAY: Bu daha iyi, değil mi?

MUHAFIZ: Evet, peki, Müfettiş. Size hikâyemi anlattım. Şimdi ne istiyorsunuz?

THACKERAY: Son bir soruya cevap.

MUHAFIZ: Nedir?

THACKERAY: Parayı nereye koydunuz?

MUHAFIZ: Ben mi? Onu ben almadım.

THACKERAY: If you tell us now, perhaps you won't go to prison later.

GUARD: But why me? Why don't you look for those three men?

THACKERAY: Oh, yes. The tree men. Where are they Mr Jones?

GUARD: I don't know, do I? Look, Inspector. They hit me, and they tied me up. One of them even cut my face.

SILVER: Oh, yes. The one with the ring.

GUARD: That's right.

THACKERAY: But they were all wearing gloves, weren't they?

GUARD: Er --- yes ---- that's right.

THACKERAY: But you saw a ring.

GUARD: Er – no, I didn't see it. I felt it.

THACKERAY: You only felt it?

THACKERAY: Eğer şimdi bize anlatırsanız, belki sonra hapise gitmeyeceksin.

MUHAFIZ: Fakat neden ben? Neden şu üç adamı aramıyorsunuz?

THACKERAY: O, evet. Üç adam. Onlar neredeler, Bay Jones?

MUHAFIZ: Bilmiyorum, değil mi? Bakın, müfettiş. Bana vurdular ve beni bağladılar. Onlardan bir tanesi yüzümü bile kesti.

SILVER: O, evet. Yüzüklü olan.

MUHAFIZ: Bu doğru.

THACKERAY: Fakat hepsi eldiven giyiyorlardı, değil mi?

MUHAFIZ: Hmm – evet --- bu doğru.

THACKERAY: Fakat bir yüzük gördünüz.

MUHAFIZ: Hmm – hayır. Onu görmedim. Onu hissettim.

THACKERAY: Onu sadece hissettiniz mi?

GUARD: Yes. When he hit my face.

THACKERAY: Sergeant.

SILVER: Sir?

THACKERAY: Your notebook, please.

SILVER: Oh. Yes. Of course.

THACKERAY: Sergeant Silver wrote down the conversation in his notebook. Perhaps you remember. What did Mr Jones say about the ring, Sergeant?

SILVER: I have the words here. He said: "It was gold." And later, "It was yellow."

GUARD: All right. I made a mistake.

THACKERAY: Oh, not just one. You don't smoke, do you?

GUARD: No, I told you before.

THACKERAY: Then who smoked that cigar?

GUARD: One of the thieves. I explained that before.

MUHAFIZ: Evet. Yüzüme vurunca.

THACKERAY: Komiser yardımcısı.

SILVER: Efendim?

THACKERAY: Defterin, lütfen.

SILVER: Oh. Evet. Tabii.

THACKERAY: Komiser yardımcısı Silver defterine konuşmayı yazdı. Belki hatırlarsınız. Bay Jones yüzük hakkında ne söyledi, komiser yardımcısı?

SILVER: Kelimeler burada. O: "Altındandı." Ve sonra, "Sarıydı." dedi.

MUHAFIZ: Peki. Bir hata yaptım.

THACKERAY: O, sadece bir tane değil. Sigara içmiyorsunuz, değil mi?

MUHAFIZ: Hayır, size daha önce söyledim.

THACKERAY: O zaman puroyu kim içti?

MUHAFIZ: Hırsızlardan bir tanesi. Bunu daha önce açıkladım.

THACKERAY: Did you see him?

GUARD: Yes, I told you.

THACKERAY: Notebook, Sergeant?

SILVER: Mr Jones said: "He never took it out of his mouth."

THACKERAY: Very strange.

GUARD: No, it isn't. A lot of people smoke like that.

THACKERAY: And do they wear a nylon stocking over their face? How do they smoke at the same time? What's the answer, Mr Jones?

GUARD: I don't know.

THACKERAY: Now. These three men. They're your friends, aren't they? Where have they put the money?

GUARD: I don't know.

THACKERAY: Onu gördünüz mü?

MUHAFIZ: Evet, size söyledim.

THACKERAY: Defter, komiser yardımcısı?

SILVER: Bay Jones: "Onu ağzından hiç çıkartmadı." dedi.

THACKERAY: Çok tuhaf.

MUHAFIZ: Hayır, değil. Birçok insan bu şekilde içer.

THACKERAY: Ve onlar yüzlerine bir naylon çorap giyerler mi? Aynı zamanda nasıl sigara içerler? Cevap ne, Bay Jones?

MUHAFIZ: Bilmiyorum.

THACKERAY: Şimdi. Bu üç adam. Onlar senin arkadaşın, değil mi? Parayı nereye koydular?

MUHAFIZ: Bilmiyorum.

THACKERAY: All right then. What did they say in the guard's van?

GUARD: I couldn't hear them. I told you. The train made too much noise.

THACKERAY: But you opened door. The door of the guard's van?

GUARD: Yes. I heard a knock.

SILVER: Two knocks. They knocked twice, you said.

GUARD: All right, two knocks.

THACKERAY: But isn't that strange, Mr Jones? You could hear two knocks on that door. A thick, heavy door like that. But you couldn't hear a word from the thieves.

SILVER: And they were standing next to you.

THACKERAY: No, I'm sorry, Mr Jones. It's not a very good story, is it?

(There is a knock at the door.)

THACKERAY: Tamam o zaman. Onlar muhafız vagonunda ne söylediler?

MUHAFIZ: Onları duyamadım. Size söyledim. Tren çok fazla gürültü yaptı.

THACKERAY: Fakat kapıyı açtın. Muhafız vagonunun kapısını mı?

MUHAFIZ: Evet, bir vurma duydum.

SILVER: Iki vurma. İki kere vurdular, dedin.

GUARD: Tamam, iki vurma.

THACKERAY: Fakat bu tuhaf değil mi, Bay Jones? Bu kapıda iki vurma duyabildin. Bunun gibi kalın, ağır bir kapı. Fakat hırsızların bir kelimesini duyamadın.

SILVER: Ve senin yanında duruyorlardı.

THACKERAY: Hayır, özür dilerim. Çok iyi bir hikâye değil, değil mi?

(Kapıda bir vurma var.)

THACKERAY: Come in.

ROBSON: Excuse me, sir. The man from television is ready.

THACKERAY: I'm coming. Take Mr Jones downstairs, Constable. (The Inspector turns to Mr Jones.) Sergeant Silver will come down in a few minutes, Mr Jones. This time you'll tell the true story. All right, Constable. Take him down now.

ROBSON: This way, Mr Jones.

(Mr Jones and the constable leave.)

THACKERAY: I don't like this television interview, Silver.

SILVER: Don't you, sir?

THACKERAY: No. I like to ask the questions, not answer them.

SILVER: I've noticed that sir.

THACKERAY: And who wants to see me on television? I'm a policeman- not a pop star.

THACKERAY: Içeri gel.

ROBSON: Özür dilerim, efendim. Televizyondan adam hazır.

THACKERAY: Geliyorum. Bay Jones'u aşağıya götürün, polis memuru. (Müfettiş Bay Jones'a döner.) Komiser yardımcısı Silver birkaç dakika içinde aşağıya gelecek, Bay Jones. Bu sefer doğru hikâyeyi anlatacaksınız. Tamam, polis memuru. Onu şimdi aşağıya götür.

ROBSON: Bu taraftan, Bay Jones.

(Bay Jones ve polis memuru ayrılırlar.)

THACKERAY: Bu televizyon röportajını sevmiyorum, Silver.

SILVER: Sevmiyor musunuz, efendim?

THACKERAY: Hayır. Sorular sormayı seviyorum, onları cevaplamayı değil.

SILVER: Bunu fark ettim, efendim.

THACKERAY: Ve televizyonda kim beni görmek ister? Ben bir polisim – bir pop yıldızı değil.

SILVER: That's certainly very true, sir. But TV interviews are quite easy really.

THACKERAY: How do you know?

SILVER: I've done a few.

THACKERAY: Have you? Where?

SILVER: At the police college. They trained us to answer questions in front of a camera. They said it was very important. You know, public relations work. (Pause) They didn't have a class on cigars though, sir.

THACKERAY: Don't be funny, Sergeant.

SILVER: Sorry,sir.

THACKERAY: And before you go down and see Jones ---

SILVER: Yes, sir.

THACKERAY: Water those roses. I won't have time today.

SILVER: Bu elbette çok doğru, efendim. Fakat televizyon röportajları gerçekten çok kolay.

THJACKERAY: Nasıl biliyorsun?

SILVER: Ben birkaç tane yaptım.

THACKERAY: Yaptın mı? Nerede?

SILVER: Polis kolejinde. Bize kamera önünde sorulara cevap vermeyi çalıştırdılar. Çok önemli olduğunu söylediler. Bilirsiniz, kamu ilişkileri işi. (Duraklama.) Ama puro için bir ders yok oysa, efendim.

THACKERAY: Komik olma, komiser yardımcısı.

SILVER: Özür dilerim, efendim.

THACKERAY: Ve gidip Jones'u görmeden önce.

SILVER: Evet, efendim.

THACKERAY: Şu gülleri sula. Bugün zamanım olmayacak.

SORULAR

Okuduğunuz **"The Train Robbers"** isimli hikâye ile ilgili soruları cevaplandırınız.

1. Who was the reporter in Manchester?
2. When did the police arrive?
3. Are they busy?
4. What is a sergeant doing?
5. Where was the driver of the train?
6. What is he doing there?
7. How much money is missing?
8. Why did the money have to go by train to Manchester?
9. How many thieves were there?
10. What did they find?
11. Is there a name on it?
12. What kind of cigar is it?
13. How is a detective able to name a cigar?
14. Didn't they teach him to name a cigar at the police college?
15. What is the name of the cigar?
16. How much is the cigar?
17. Where did they find the cigar-end?
18. Where must they go?
19. How does the guard feel?
20. Have the finger print men found anything?
21. Why couldn't they find anything?
22. Where is the guard sitting?
23. What is the name of the guard?

24. Who will make notes of this conversation?
25. Where are Tackeray's matches?
26. Does Arthur smoke?
27. How is the door of van?
28. What was the guard doing, when he heard a knock at the door?
29. How many times did they knock?
30. Why did the guard open the door?
31. What happened then?
32. What do they look like?
33. Could he see their faces?
34. What were they wearing?
35. What cut his face?
36. What kind of ring was it?
37. Is he certain about the ring?
38. Why could the guard not hear what they said?
39. When did these men leave the train?
40. Who smoked this cigar?
41. Who telephoned Thackeray?
42. Haven't they talked already?
43. Why did they take the guard to the police station?
44. What was the last question of Thackeray?
45. Why did Thackeray think that he was one of the robbers?
46. What was very strange about the cigar?
47. What was strange about the door of van?
48. Why doesn't Thackeray like television interview?

49. How does Silver know that the T.V interviews are quite easy really?

THE DRIVER DIDN'T STOP
ŞOFÖR DURMADI

THE DRIVER DIDN'T STOP

Inspector Thackeray was a very busy man. He had three important jobs to do. He had to catch criminals, he had to write reports, and he had to teach Sergeant Silver. So when the Inspector had a small case, he always tried to finish it in the same day. He never liked to waste time.

When this case began, it appeared to be quite a small one. The Inspector had to find the owner of a certain CAR. The Sergeant wrote down a few facts about the car, and the Inspector made a list of possible owners.

The two policemen left the office at two o'clock. "This case will be easy." said Inspector Thackeray. "It won't take long." said Sergeant.

At seven o'clock they were still looking. It was raining. They were tired and wet and hungry. And there were still three names on the list.

Sergeant Silver wanted to see these people next morning. The Inspector wanted to continue.

ŞOFÖR DURMADI

Müfettiş Thackeray çok meşgul bir adamdı. Yapacağı üç önemli iş vardı. Suçluları yakalamak zorundaydı, raporları yazmak zorundaydı, ve komiser yardımcısı Silver'a öğretmek zorundaydı. Bu yüzden müfettişin küçük bir olayı olduğunda, her zaman aynı gün içinde bitirmeye çalışırdı. Zaman harcamayı hiç sevmezdi.

Bu olay başladığında, oldukça küçük biri gibi göründü. Müfettiş belirli bir ARABA'nın sahibini bulmak zorundaydı. Komiser yardımcısı araba hakkında birkaç gerçeği yazdı, ve müfettiş muhtemel sahiplerinin bir listesini yaptı.

İki polis ofisi saat ikide terk ettiler. "Bu dosya kolay olacak." dedi müfettiş Thackeray. "Uzun sürmeyecek." dedi komiser yardımcısı.

Saat yedide hala arıyorlardı. Yağmur yağıyordu. Yorgun, ıslak ve açtılar. Ve listede hâlâ üç isim vardı.

Komiser yardımcısı Silver bu insanları ertesi sabah görmek istedi. Müfettiş devam etmek istedi.

They continue.

CHARACTERS

INSPECTOR THACKERAY

SERGEANT SILVER

JOHN PALMER

SYLVIA PALMER

SCENE 1

(The living room of the Palmer's home.)

SYLVIA: Oh look, John.

JOHN: What?

SYLVIA: The television. It's seven o'clock. The football has just started. Do you want the sound?

JOHN: Yes, please.

SYLVIA: Who's playing?

Devam ederler.

KARAKTERLER

MÜFETTİŞ THACKERAY

KOMİSER YARDIMCISI SILVER

JOHN PALMER

SYLVIA PALMER

SAHNE 1

(Palmer'ın evinin oturma odası.)

SYLVIA: Oh bak, John.

JOHN: Ne?

SYLVIA: Televizyon. Saat yedi. Futbol şimdi başladı. Ses istiyor musun?

JOHN: Evet, lütfen.

SYLVIA: Kim oynuyor?

JOHN: England and Scotland. It's the International, Sylvia.

SYLVIA: Yes?

JOHN: Did you hear a knock at the door?

SYLVIA: No, I don't think so.

JOHN: Just a minute ... There!

SYLVIA: You're right. We have a visitor. I'll turn the television off.

JOHN: Who can be out in this rain?

SYLVIA: I don't know.

(John Palmer goes to the front door and opens it.)

THACKERAY: Good evening.

JOHN: Good evening.

THACKERAY: Mr Palmer? Mr John Palmer?

JOHN: Yes. Come in, come in. You can't stand out there in the rain.

JOHN: Ingiltere ve İskoçya. Bu uluslararası, Sylvia.

SYLVIA: Evet?

JOHN: Kapıda bir vurma duydun mu?

SYLVIA: Hayır, hiç sanmam.

JOHN: Bir dakika .... Orada!

SYLVIA: Haklısın. Bir misafirimiz var. Televizyonu kapatacağım.

JOHN: Bu yağmurda dışarda kim olabilir?

SYLVIA: Bilmiyorum.

(John Palmer ön kapıya gider ve onu açar.)

THACKERAY: Iyi akşamlar.

JOHN: Iyi akşamlar.

THACKERAY: Bay Palmer mı? Bay John Palmer mı?

JOHN: Evet. Girin, girin. Yağmurda orada dışarıda duramazsınız.

THACKERAY: Thank you.

SILVER: Thank you, sir.

JOHN: Two rather wet visitors, dear.

SYLVIA: That's nice. We don't have many visitors out here in the country. Come over to the fire.

THACKERAY: Thank you.

JOHN: Have we met before?

THACKERAY: No, sir. My name is Inspector Thackeray, and this is Sergeant Silver.

SYLVIA: Police?

SILVER: That's right.

JOHN: Give me your wel coat Inspector.

THACKERAY: Thank you.

SYLVIA: That rain hasn't stopped since this morning.

JOHN: Your coat, Sergeant?

THACKERAY: Teşekkürler.

SILVER: Teşekkürler, efendim.

JOHN: Iki oldukça ıslak ziyaretçi, canım.

SYLVIA: Bu güzel. Burada kırsalda çok fazla ziyaretçimiz olmaz. Ateşin başına gelin.

THACKERAY: Teşekkürler.

JOHN: Daha önce tanıştık mı?

THACKERAY: Hayır, efendim. Benim adım müfettiş Thackeray, ve bu komiser yardımcısı Silver.

SYLVIA: Polis mi?

SILVER: Bu doğru.

JOHN: Islak montunuzu bana verin müfettiş.

THACKERAY: Teşekkür ederim.

SYLVIA: Şu yağmur bu sabahtan beri durmadı.

JOHN: Montunuz, komiser yardımcısı?

SILVER: Thanks very much.

JOHN: I'll hang them on the door.

THACKERAY: We're very sorry to call so late.

JOHN: Oh, it's no trouble. We were only watching television.

SYLVIA: Won't you sit down?

THACKERAY: Thank you.

JOHN: Oh, this is my wife Sylvia.

THACKERAY: (looks at the fire-place) You've been out in the rain too, Mrs Palmer.

SYLVIA: Me. No. I haven't been out, have I dear?

THACKERAY: Those are your shoes, Mrs Palmer, aren't they?

SYLVIA: Shoes?

THACKERAY: Next to the fire there.

SILVER: Çok teşekkürler.

JOHN: Onları kapının üstüne asacağım.

THACKERAY: Çok geç uğradığımız için çok özür dileriz.

JOHN: Oh, sorun değil. Sadece televizyon izliyorduk.

SYLVIA: Oturmayacak mısınız?

THACKERAY: Teşekkürler.

JOHN: Oh, bu karım Sylvia.

THACKERAY: (Şömineye bakar) Siz de yağmurda dışarıdaydınız, Bayan Palmer.

SYLVIA: Ben. Hayır. Dışarıda bulunmadım, değil mi hayatım?

THACKERAY: Bunlar sizin ayakkabılarınız, bayan Palmer, değil mi?

SYLVIA: Ayakkabılar mı?

THACKERAY: Orada ateşin yanında.

SYLVIA: Oh yes, that's right.

SILVER: They're drying, are they?

SYLVIA: Yes, they were so wet.

JOHN: It's terrible weather for March, isn't it?

THACKERAY: So you did go out then?

SYLVIA: Oh yes. At lunch. You're quite right. I forgot. I put them there when I came in. But I was only out for ten minutes.

JOHN: Yes, you went out to buy some milk, didn't you?

THACKERAY: Yes, that's right. At Robinson's.

JOHN: But what's the matter, Inspector? Why all these questions?

THACKERAY: Well, perhaps you can help us, sir.

JOHN: Can we? What's the trouble?

THACKERAY: Sergeant Silver, you tell them, will you?

SYLVIA: O, evet, bu doğru.

SILVER: Onlar kuruyor, değil mi?

SYLVIA: Evet, onlar çok ıslaktı.

JOHN: Mart için korkunç bir hava, değil mi?

THACKERAY: Yani o zaman dışarı mı çıktınız?

SYLVIA: O, evet. Öğlende. Oldukça haklısınız. Unuttum. Onları oraya geldiğim zaman koydum. Fakat sadece on dakikalığına dışardaydım.

JOHN: Evet, biraz süt almak için dışarı çıktın, değil mi?

THACKERAY: Evet bu doğru. Robinson'dan.

JOHN: Fakat sorun ne, müfettiş? Bütün bu sorular neden?

THACKERAY: Peki, belki siz bize yardım edebilirsiniz, efendim.

JOHN: Edebilir miyiz? Sorun nedir?

THACKERAY: Komiser yardımcısı Silver, sen söyleyeceksin, değil mi?

SILVER: Yes, sir. Well – it's just a few simple questions.

SYLVIA: Yes?

SILVER: We're looking for a car.

SYLVIA: A car?

SILVER: Yes. There's been an accident.

JOHN: An accident? Where?

SILVER: The accident was in ----

THACKERAY: Just a minute, Sergeant. Mrs Palmer, when did you go out for the milk?

JOHN: It was one o'clock.

THACKERAY: Mrs Palmer, please.

SYLVIA: Yes, that's right. One o'clock.

THACKERAY: You're certain about that?

SYLVIA: Oh yes, I'm certain. Today is wednesday.

SILVER: Evet, efendim. Peki ---- sadece kolay birkaç soru.

SYLVIA: Evet?

SILVER: Bir araba arıyoruz.

SYLVIA: Bir araba mı?

SILVER: Evet. Bir kaza oldu.

JOHN: Bir kaza mı? Nerede?

SILVER: Kaza ----- 'da oldu.

THACKERAY: Bir dakika, komiser yardımcısı. Bayan Palmer, süt için ne zaman dışarı çıktınız?

JOHN: Saat birdi.

THACKERAY: Bayan Palmer, lütfen.

SYLVIA: Evet, bu doğru. Saat birde.

THACKERAY: Bundan emin misiniz?

SYLVIA: O, evet, eminim. Bugün çarşamba.

SILVER: Wednesday?

SYLVIA: Yes. They close at a quarter past one on Wednesday afternoon.

THACKERAY: Oh well. It wasn't you then.

JOHN: What kind of accident was it?

THACKERAY: A car accident. The driver didn't stop.

SILVER: And he knocked down a child.

SYLVIA: A bad accident?

THACKERAY: A broken arm and a broken leg.

SYLVIA: Poor little girl.

THACKERAY: Yes. And only seven. The same age as mine.

JOHN: But we didn't do it. You don't think that, do you?

SILVER: We're just looking for answers, sir. Just a few facts.

SILVER: Çarşamba mı?

SYLVIA: Evet. Çarşamba öğleden sonraları biri çeyrek geçe kapatırlar.

THACKERAY: O peki. O zaman siz değildiniz.

JOHN: Nasıl bir kazaydı?

THACKERAY: Bir araba kazası. Şoför duramadı.

SILVER: Ve bir çocuğa çarptı.

SYLVIA: Kötü bir kaza mı?

THACKERAY: Kırık bir kol ve kırık bir bacak.

SYLVIA: Zavallı küçük kız.

THACKERAY: Evet. Ve sadece yedi yaşında. Benimkisiyle aynı yaş.

JOHN: Fakat bunu biz yapmadık. Böyle düşünmüyorsunuz, değil mi?

SILVER: Sadece cevapları arıyoruz, efendim. Sadece birkaç gerçeği.

JOHN: What facts?

SILVER: Well, the car. The child saw a black car. And your car .... ?

JOHN: Yes, yes, we have a black car, Sergeant. But ---- er ...

SILVER: Yes, sir?

JOHN: There must be hundreds of black cars in Britain. Thousands.

SYLVIA: Why are you asking about ours?

THACKERAY: Well, Mrs Palmer, the child also saw the car number. Well --- part of it.

SILVER: Yes, I made a note of it. Eee --- K7.

THACKERAY: K7, that's right. Just K7. Mr Palmer, what's your car number?

JOHN: ABK 75.

THACKERAY: ABK 75. And do you drive, Mrs Palmer?

SYLVIA: Yes, I do. But why?

JOHN: Ne gerçeği?

SILVER: Eee, araba. Çocuk siyah bir araba gördü. Ve sizin arabanız ..... ?

JOHN: Evet, evet, siyah bir arabamız var, komiser yardımcısı. Fakat --- hmm....

SILVER: Evet, efendim?

JOHN: Britanya'da yüzlerce siyah araba olmalı. Binlerce.

SYLVIA: Neden bizimkisini soruyorsunuz?

THACKERAY: Peki, bayan Palmer, çocuk arabanın numarasını da gördü. Eee --- bir bölümünü.

SILVER: Evet. Onun notunu aldım. Şey --- K7.

THACKERAY: K7, bu doğru. Sadece K7. Bay Palmer arabanızın numarası nedir?

JOHN: ABK 75.

THACKERAY: ABK 75. Ve siz mi sürüyorsunuz, bayan Palmer?

SYLVIA: Evet, ben. Fakat neden?

THACKERAY: The driver of the car was a woman.

JOHN: Ah, so that's trouble. Our car is black. It's got K7 in the number. And my wife drives.

THACKERAY: I've not finished yet, sir.

JOHN: But it wasn't Sylvia at the accident. She hasn't been near Queen Street. We haven't been out this evening. You're just making trouble, Inspector.

SYLVIA: It's all right dear. The police have to ask these questions.

SILVER: May we see your car, sir?

JOHN: Which one?

SILVER: You have two?

JOHN: Yes, one is in the garage.

SILVER: We'll just see the one with K7 in the number.

SYLVIA: That's the one in the road.

THACKERAY: Arabanın şoförü bir kadındı.

JOHN: Ah, demek sorun bu. Arabamız siyah. Numarasında K7 var. Ve karım kullanıyor.

THACKERAY: Henüz bitirmedim, efendim.

JOHN: Fakat kazadaki Sylvia değildi. Queen caddesinin yakınında bulunmadı. Bu gece dışarıda bulunmadık. Sadece olay çıkarıyorsunuz, Müfettiş.

SYLVIA: Tamam canım. Polis bu soruları sormak zorunda.

SILVER: Arabanızı görebilir miyiz, efendim?

JOHN: Hangi araba?

SILVER: İki tane mi var?

JOHN: Evet, bir tanesi garajda.

SILVER: Sadece numarasında K7 olanı göreceğiz.

SYLVIA: Bu yolda olanı.

THACKERAY: In the road? But that's a minute's walk from the house. Do you always park it so far away?

JOHN: No, Only when it's very wet.

SYLVIA: The path to the house is too soft for the car in wet weather.

SILVER: That's true. We had to walk through that water on the path.

THACKERAY: Yes, you'll soon need a boat out there, not a car. But we must go, Sergeant. I do love these big country fires. But if I sit here much longer, I'll burn.

SYLVIA: It's a good fire, isn't it? We like to be warm.

JOHN: I'll get your coats.

THACKERAY: And yours and your wife's too, sir.

JOHN: But why?

THACKERAY: Well, sir. One of you was the driver of that car in the accident.

THACKERAY: Yolda mı? Fakat bu evden bir dakika yürüme. Onu her zaman bu kadar uzağa mı park edersiniz?

JOHN: Hayır, sadece çok ıslak olduğunda.

SYLVIA: Eve giden patika yağmurlu havada araba için çok yumuşak olur.

SILVER: Bu doğru. Patikanın üstündeki bu sudan geçerek yürümek zorunda kaldık.

THACKERAY: Evet, yakında orası için bir bota ihtiyacınız olacak, bir arabaya değil. Fakat gitmek zorundayız, komiser yardımcısı. Bu büyük köy şöminesini severim. Fakat burada daha fazla oturursam, yanacağım.

SYLVIA: Güzel bir şömine değil mi? Sıcak olmayı seviyoruz.

JOHN: Montlarınızı getireceğim.

THACKERAY: Ve sizinkini ve karınızınkini de, efendim.

JOHN: Fakat neden?

THACKERAY: Peki, efendim. Biriniz kazada bu arabanın şoförüydünüz.

INSPECTOR THACKERAY EXPLAINS

(Manchester Central Police Station. The office of Inspector Thackeray and Sergeant Silver.)

THACKERAY: I'm sorry my office is so small. But I'm like you --- I'don't have many visitors. Just the Sergeant here usually.

JOHN: For the last time, Inspector. Neither Sylvia nor I went out this evening. How many times must I tell you?

SYLVIA: Don't get angry, dear. It doesn't really help.

JOHN: But all these "facts". They're just not true.

THACKERAY: Well now, do you remember those shoes? The ones next to the fire?

SYLVIA: Yes of course I do. They were mine.

SILVER: They were drying, you said. I wrote your words down.

SYLVIA: Yes, that's right. They were.

MÜFETTİŞ THACKERAY AÇIKLIYOR

(Manchester Merkez Polis Karakolu. Müfettiş Thackeray ve komiser yardımcısı Silver'ın ofisi.)

THACKERAY: Üzgünüm ofisim çok küçük. Fakat ben de sizing gibiyim. --- Çok ziyaretçim olmaz. Sadece komiser yardımcısı genellikle burada.

JOHN: Son kere, müfettiş. Ne Slyvia ne de ben bu akşam dışarı çıktık. Size kaç kere söylemeliyim?

SYLVIA: Öfkelenme, canım. Bu gerçekten yardımcı olmuyor.

JOHN: Fakat bütün bu gerçekler. Onlar tam doğru değil.

THACKERAY: Peki şimdi, şu ayakkabıları hatırlıyor musunuz? Şöminenin yanında olan?

SYLVIA: Tabii ki hatırlıyorum. Onlar benim.

SILVER: Onlar kuruyordu, dediniz. Sözlerinizi yazdım.

SYLVIA: Evet, bu doğru. Onlar kuruyordu.

THACKERAY: Still drying? But you were home in the afternoon, weren't you?

JOHN: From ten past one.

THACKERAY: And that fire was very warm. Remember? I had to move.

SILVER: But the shoes were still wet.

THACKERAY: You were still drying them at seven o'clock this evening.

JOHN: Oh, that was because ------

THACKERAY: Perhaps your wife will answer, Mr Palmer.

SYLVIA: Well --- I think – I put the shoes there just before you came.

THACKERAY: Notebook, Sergeant?

SILVER: You put them beside the fire at lunchtime, Mrs Palmer. Your own words --- "I put them there when I came in."

SYLVIA: I don't remember.

THACKERAY: Hâlâ kuruyor mu? Fakat öğleden sonra evdeydiniz, değil mi?

JOHN: Biri on geçeden itibaren.

THACKERAY: Ve ateş çok sıcaktı. Hatırladınız mı? Hareket etmek zorunda kaldım.

SILVER: Fakat ayakkabılar hâlâ ıslaktı.

THACKERAY: Bu akşam saat yedide hâlâ onları kurutuyordunuz.

JOHN: Oh, şu nedenle -----

THACKERAY: Belki karınız cevap verecektir, Bay Palmer.

SYLVIA: Eee ---sanırım ayakkabıları oraya siz gelmeden hemen önce koydum.

THACKERAY: Defter, komiser yardımcısı.

SILVER: Onları ateşin yanına öğle vaktinde koydunuz, Bayan Palmer. Sizin kendi sözleriniz -- "Onları oraya geldiğimde koydum."

SYLVIA: Hatırlamıyorum.

THACKERAY: Read the part about the accident, Sergeant.

SILVER: Er --- yes. Mrs Palmer said, "A bad accident?"

JOHN: Oh, really! What does that tell us?

THACKERAY: Later than that, Silver.

SILVER: Oh yes, sir. The Inspector here said. " A broken arm and a broken leg." And then Mrs Palmer said, "Poor little girl."

THACKERAY: But I never said the child was a girl. Now, Mrs Palmer, why do you say "Poor little girl"?

SYLVIA: Well – because ....

THACKERAY: Perhaps because you were driver of the car. Perhaps because you knocked the child down.

JOHN: Inspector Thackeray .....

THACKERAY: Ah yes. Mr Palmer. How did you know the place of the accident?

JOHN: I don't know the place.

THACKERAY: Kaza ile ilgili bölümü oku, komiser yardımcısı.

SILVER: Hmm --- evet. Bayan Palmer, "Kötü bir kaza mı?" dedi.

JOHN: O, gerçekten mi! Bu bize ne anlatıyor?

THACKERAY: Bundan daha sonra, Silver.

SILVER: O, evet, efendim. Burada müfettiş: "Bir kırık kol ve bir kırık bacak." dedi. Ve sonra bayan Palmer, "Zavallı küçük kız.' dedi.

THACKERAY: Fakat çocuğun bir kız olduğunu hiç söylemedim. Şimdi, Bayan Palmer, neden "zavallı küçük kız" dediniz?

SYLVIA: Eee – çünkü .....

THACKERAY: Belki arabanın şoförü siz olduğunuz için. Belki çocuğa siz çarptığınız için.

JOHN: Müfettiş Thackeray .....

THACKERAY: Ah evet, Bay Palmer. Kazanın yerini nasıl bildiniz?

JOHN: Yeri bilmiyorum.

THACKERAY: Oh, but you did, Mr Palmer.

SILVER: You said, "My wife hasn't been near Queen Street."

THACKERAY: Queen Street, Mr Palmer? Now why did you say that? We never talked about Queen Street.

SYLVIA: Oh stop it, stop it. It was me, Inspector. I did it. It wasn't John. He was at home.

THACKERAY: Very well, Mrs Palmer. Are you ready to give us the facts now?

SYLVIA: Yes, I am.

THACKERAY: Good. I want the true story this time, Mrs Palmer. And I want it quickly. Open that notebook again, Sergeant. We've wasted enough time already today.

THACKERAY: Oh, fakat bildiniz, Bay Palmer.

SILVER: Siz, "Karım Queen caddesinin yakınında bulunmadı." dediniz.

THACKERAY: Queen Caddesi mi, Bay Palmer? Şimdi neden böyle söylediniz? Biz hiç Queen caddesiyle ilgili konuşmadık.

SYLVIA: Oh durdurun şunu, durdurun şunu, müfettiş. Ben yaptım. John değildi. O evdeydi.

THACKERAY: Çok iyi, bayan Palmer. Şimdi bize gerçekleri vermeye hazır mısınız?

SYLVIA: Evet, hazırım.

THACKERAY: İyi. Bu sefer doğru hikâyeyi istiyorum, bayan Palmer. Ve onu hızlı istiyorum. Şu defteri tekrar aç, komiser yardımcısı. Bugün zaten yeterince zaman kaybettik.

SORULAR

Okuduğunuz **"The Driver didn't stop"** isimli hikâye ile ilgili soruları cevaplandırınız.

1. What are Thackeray's three important jobs?
2. What did the Inspector do, when he had a small case?
3. How did this case appear?
4. What time did the two policemen leave the office?
5. What were they doing at seven o'clock?
6. How was the weather?
7. Were they tired?
8. What did Sergeant Silver want to do?
9. What did Inspector Thackeray want to do?
10. What will Slyvia and John do?
11. Who is playing?
12. What did they hear?
13. Who opens the door?
14. Has the rain stopped?
15. Where will he hang the coats?
16. Have they been out in the rain?
17. Whose shoes are next to the fire?
18. Why are the shoes next to the fire?
19. When did she go out then?
20. When did she put her shoes there?
21. How long has she been out?

22. Why did she go out?
23. What are the police looking for?
24. Why are they asking a lot of questions?
25. When did she go out for the milk?
26. When do they close the shop on wednesday afternoon?
27. What kind of accident was it?
28. What happened to the child?
29. How old was the child?
30. Which colour was the car?
31. Is their car black?
32. Did the child see the car number?
33. What is the number of the car?
34. What did the child see?
35. Who was the driver of the car?
36. Where was their car with K7 in the number?
37. Do they always park it so far away?
38. Why did she park their car on the road?
39. Why will Tackeray take them to the police-station?
40. Why did Thackeray think that one of them was the driver of the car?
41. What did Sylvia answer?
42. What did she say about her shoes before?
43. Did Thackeray say that the child was girl or boy?
44. Why did Slyvia say " Poor little girl"?

THE QUIET THIEF
SESSİZ HIRSIZ

THE QUIET THIEF

Manchester has a big shopping centre. A lot of shops are very large; but there are some small ones, too. These small shops usually have only two rooms: a large one in the front and a small one in the back. The small room is usually the office. The owner keeps his money and papers there.

Some of these smaller shops make a lot of money. When thieves learn about this, they often try to steal it.

A few years ago, the number of robberies in these shops began to grow. Inspector Thackeray wanted to stop this, so he sent a letter to the shopkeepers. "Put your money in bank every day." he wrote, "And the thieves will not come."

A lot of shopkeepers did this; some did not. The robberies continued, but there were not so many.

This story tells of one of these robberies. It was an unusual case.

SESSİZ HIRSIZ

Manchester'ın büyük bir alışveriş merkezi var. Birçok dükkân çok büyük, fakat bazı küçük olanlar da var. Bu küçük dükkânların genellikle sadece iki odası var: Büyük olan önde ve küçük olan arkada. Küçük oda genellikle ofistir. Sahibi parasını ve kâğıtlarını orada tutar.

Bu daha küçük dükkânlardan bazıları çok para kazanır. Hırsızlar bunu öğrendiğinde, sık sık onu çalmayı denerler.

Birkaç yıl önce bu dükkânlardaki hırsızlıkların sayısı artmaya başladı. Müfettiş Thackeray bunu durdurmak istedi, bu yüzden dükkân sahiplerine bir mektup gönderdi. "Paranızı her gün bankaya koyun." diye yazdı, "Ve hırsızlar gelmeyecekler."

Birçok dükkân sahibi bunu yaptı: bazıları yapmadı. Soygunlar devam etti, fakat çok fazla yoktu.

Bu hikâye bu soygunlardan bir tanesini anlatıyor. Bu alışılmadık bir olaydı.

CHARACTERS

INSPECTOR THACKERAY

SERGEANT SILVER

MR BROWN

MR DAVY

(The back room of Mr Brown's shop. There is a table in the middle of the room and a safe against the wall at the back. The room has no windows. The door leads into the shop itself.)

BROWN: Come and have a look at the safe, Inspector. You see, it's still open.

THACKERAY: Yes. Make a note, Silver.

SILVER: Yes, sir.

THACKERAY: (looking into the safe) Your papers are still here , Mr Brown.

BROWN: Yes, and he didn't touch my business books.

SILVER: He only took the money, then.

KARAKTERLER

MÜFETTİŞ THACKERAY

KOMİSER YARDIMCISI SILVER

BAY BROWN

BAY DAVY

(Bay Brown'un dükkânının arka odası. Odanın ortasında bir masa var ve gerideki duvara karşı bir kasa. Odanın hiç penceresi yok. Kapı dükkâna kendisine giriyor.)

BROWN: Gelin ve kasaya bir bakın, müfettiş. Görüyorsunuz, o hâlâ açık.

THACKERAY: Evet, Not al, Silver.

SILVER: Evet, efendim.

THACKERAY: (kasanın içine bakarak) Kâğıtlarınız hâlâ burada, Bay Brown.

BROWN: Evet, ve iş defterlerime dokunmadı..

SILVER: Sadece parayı aldı, o zaman.

BROWN: That's right.

THACKERAY: (going back to table): Now, then, Mr Brown. Are you the owner of the shop?

BROWN: Yes, you know that Inspector. Don't you remember the old days? You always bought your pipe tobacco here.

THACKERAY: Ah yes, of course. You're old Bill Brown aren't you? I was a Sergeant then. But you have a partner now, don't you?

BROWN: Yes, I own half and he owns half. He's not going to be pleased about this, though.

SILVER: Can I have your partner's name, please, Mr Brown?

BROWN: Davy. Paul Davy. He's away today.

THACKERAY: So you were alone here in the office.

BROWN: Yes.

THACKERAY: Now then. Tell me. How did it happen?

BROWN: Bu doğru.

THACKERAY: (masaya geri giderek) Şimdi, o halde Bay Brown. Siz dükkânın sahibi misiniz?

BROWN: Evet, bunu biliyorsunuz müfettiş. Eski günleri hatırlamıyor musunuz? Pipo tütününüzü hep buradan alırdınız.

THACKERAY: Ah, evet, tabii. Siz eski Bill Brown'sınız, değil mi? Ben bir komiser yardımcısıydım, o zaman. Fakat şimdi bir ortağınız var, değil mi?

BROWN: Evet, yarısına sahibim ve yarısına o sahip. O buna memnun olmayacak, gerçi.

SILVER: Ortağınızın ismini alabilir miyim lütfen, Bay Brown?

BROWN: Davy. Paul Davy. O bugün yok.

THACKERAY: Yani burada ofiste yalnızdınız.

BROWN: Evet.

THACKERAY: Şimdi o zaman. Bana anlatın. Bu nasıl oldu?

BROWN: Well, every Thursday before I go home, I count the money.

THACKERAY: Why Thursday?

BROWN: Because I have to take it to the bank early Friday morning.

THACKERAY: So you counted the money, this evening?

BROWN: Yes. I shut the shop. Then I came in here. I took the money out of the safe. And I put it on this table.

SILVER: Was it in bank-notes, Mr Brown?

BROWN: Yes. And a few coins. I put them beside the notes.

THACKERAY: Very well. What then?

BROWN: Then I turned back to the safe here.

SILVER: So you turned your back to this table, and to the door?

BROWN: Yes.

BROWN: Eee, her perşembe eve gitmeden parayı sayarım.

THACKERAY: Neden perşembe?

BROWN: Çünkü cuma sabah erkenden onu bankaya götürmek zorundayım.

THACKERAY: Yani bu akşam parayı saydınız?

BROWN: Evet. Dükkânı kapattım. Sonra buraya girdim. Parayı kasadan çıkarttım. Ve onu bu masanın üstüne koydum.

SILVER: Banknot muydu, Bay Brown?

BROWN: Evet. Ve birkaç bozuk para. Onları banknotların yanına koydum.

THACKERAY: Çok iyi. Sonra ne oldu?

BROWN: Sonra buraya kasaya geri döndüm.

SILVER: Yani arkanızı bu masaya ve kapıya mı döndünüz?

BROWN: Evet.

THACKERAY: All right.

BROWN: Well, I reached the safe here. And a voice behind me said, "Don't move. I have a gun. Put up your hands. And don't look behind you.

THACKERAY: What happened then?

BROWN: Then he took the money from the table, and he went out.

SILVER: How much was that?

BROWN: Oh I don't know- perhaps between seven and eight hundred pounds.

THACKERAY: So you didn't have time to count it?

BROWN: No, I was going to do that after.

THACKERAY: Did you see the thief?

BROWN: No, I didn't. I had my back to him. But the voice was a man's.

THACKERAY: What time did it happen?

THACKERAY: Tamam.

BROWN: Peki, burada kasaya ulaştım. Ve arkamda bir ses bana "Kıpırdama. Bir silahım var. Ellerini kaldır. Ve arkana bakma." dedi.

THACKERAY: Sonre ne oldu?

BROWN: Sonra masadan parayı aldı ve dışarı gitti.

SILVER: Ne kadardı?

BROWN: O, bilmiyorum belki yedi yüz pound ve sekiz yüz pound arası.

THACKERAY: Yani saymak için zamanınız yok muydu?

BROWN: Hayır. Bunu sonra yapacaktım.

THACKERAY: Hırsızı gördünüz mü?

BROWN: Hayır, görmedim. Arkam ona dönüktü. Fakat ses bir adamındı.

THACKERAY: Saat kaçta oldu?

BROWN: Six o'clock.

SILVER: Six o'clock --- so the shop was shut?

BROWN: That's right. I've told you ......

(Paul Davy enters.)

DAVY: What's happening here?

BROWN: Hello Paul. This is my partner, Paul Davy.

DAVY: What's happened? It's half past six. Who left the door open? Why are you still here?

BROWN: We've some trouble, Paul.

DAVY: Trouble? With these two?

BROWN: Sit down, Paul. These are the police.

DAVY: Police!

THACKERAY: Yes. You've had a visit from a thief, sir.

DAVY: Oh no! Not the money from the safe!

BROWN: Saat altıda.

SILVER: Saat altı --- yani dükkân kapalı mıydı?

BROWN: Bu doğru. Size söyledim ......

(Paul Davy girer.)

DAVY: Burada ne oluyor?

BROWN: Merhaba Paul. Bu benim ortağım, Paul Davy.

DAVY: Ne oldu? Saat altı buçuk. Kapıyı kim açık bıraktı? Neden hâlâ buradasınız?

BROWN: Bazı sorunlarımız var, Paul.

DAVY: Sorun mu? Bu ikisiyle mi?

BROWN: Otur, Paul. Onlar polis.

DAVY: Polis!

THACKERAY: Evet. Bir hırsız tarafından ziyaret edildiniz, efendim.

DAVY: Oh hayır! Kasadan para değil!

BROWN: Yes, It's gone.

DAVY: When did it happen?

SILVER: Six o'clock.

DAVY: How many men?

BROWN: Only one. A big fellow. He had a gun, Paul. I couldn't stop him.

DAVY: So! You allowed a thief to come in here. He picked up our money, and he went out again. Just like that!

BROWN: I had to. He had a gun.

DAVY: Where did he go?

THACKERAY: We don't know yet, sir. But first – how did he get in?

BROWN: I don't know. There's only one door. And I locked that myself.

THACKERAY: How can you be certain?

BROWN: I do it every night, at the same time.

BROWN: Evet, gitti.

DAVY: Ne zaman oldu?

SILVER: Altıda.

DAVY: Kaç adam?

BROWN: Sadece bir. İri bir herif. Bir silahı vardı, Paul. Onu durduramadım.

DAVY: Yani! Bir hırsızın buraya gelmesine izin verdin. O paramızı aldı, ve tekrar dışarı mı gitti. Öylece!

BROWN: Zorundaydım. Sihahı vardı.

DAVY: Nereye gitti?

THACKERAY: Henüz bilmiyoruz, efendim. Fakat önce ---nasıl içeri girdi?

BROWN: Bilmiyorum. Sadece bir kapı var. Ve onu kendim kilitledim.

THACKERAY: Nasıl emin olabiliyorsunuz?

BROWN: Bunu her gece yaparım, aynı saatte.

THACKERAY: At five-thirty?

BROWN: That's right. When I shut the shop.

THACKERAY: And what did you do with the key?

BROWN: The key? I left it in the lock.

DAVY: You left it in the door!

BROWN: Not on the outside, Paul. On the inside. I always do that.

SILVER: Where's that key now, Mr Brown?

BROWN: Still here.

SILVER: Shall I get it sir?

THACKERAY: Yes. Good idea. Bring it in, Silver. We ought to see it. And have a look at the windows.

SILVER: Yes, sir. (He goes into the shop.)

THACKERAY: Those windows. Were they shut?

THACKERAY: Beş buçukta mı?

BROWN: Bu doğru. Dükkânı kapattığımda.

THACKERAY: Ve anahtarla ne yaptınız?

BROWN: Anahtar mı? Onu kilitte bıraktım.

DAVY: Onu kilitte mi bıraktın!

BROWN: Dışardan değil, Paul. İçerde. Bunu hep yaparım.

SILVER: Şu anahtar şimdi nerede, Bay Brown?

BROWN: Hâlâ burada.

SILVER: Onu alabilir miyim, efendim?

THACKERAY: Evet. İyi fikir. Onu getir, Siver. Onu görmeliyiz. Ve pencerelere bir bakalım.

SILVER: Evet, efendim. (Dükkâna gider.)

THACKERAY: Şu pencereler. Onlar kapalı mıydı?

BROWN: Yes, they were.

THACKERAY: Every window in the shop?

BROWN: Yes, every one.

DAVY: Are you certain about that?

BROWN: Of course I'm certain, Paul. I have to shut them. You know that.

THACKERAY: But it's a very hot evening. Why do you have to shut them?

DAVY: The insurance company says we must.

THACKERAY: Very well. The thief took the money, and then walked out.

DAVY: Walked out. Ha!

THACKERAY: How did he leave?

DAVY: From this office into the shop. And from the shop into the street.

THACKERAY: How do you know sir? You weren't here.

BROWN: Evet, öylelerdi.

THACKERAY: Dükkândaki her pencere mi?

BROWN: Evet, hepsi.

DAVY: Bundan emin misiniz?

BROWN: Tabii ki eminim, Paul. Onları kapatmak zorundayım. Bunu biliyorsun.

THACKERAY: Fakat çok sıcak bir gece. Neden onları kapatmak zorundasınız?

DAVY: Sigorta şirketi yapmak zorunda olduğumuzu söylüyor.

THACKERAY: Çok iyi. Hırsız parayı aldı ve sonra çekip gitti.

DAVY: Çekip gitti! Ha!

THACKERAY: Nasıl ayrıldı?

DAVY: Bu ofisten dükkâna. Ve dükkândan sokağa.

THACKERAY: Nasıl biliyorsunuz, efendim? Burada değildiniz.

DAVY: It's the only way.

BROWN: Yes, it is.

(Sergeant Silver comes back into the room.)

SILVER: Every window is closed, sir. No thief came in that way.

THACKERAY: And the door?

SILVER: Here's the key from the door, sir.

THACKERAY: Thank you, Sergeant. Mm. Quite heavy, isn't it?

SILVER: Yes sir. It's a big lock.

BROWN: We need a big lock.

DAVY: It stops the thieves. Haven't you heard, Inspector?

THACKERAY: Then how did he get in?

BROWN: What do you think, Paul?

DAVY: How can I know? I wasn't here.

DAVY: Bu tek yol.

BROWN: Evet, öyle.

(Komiser yardımcısı Silver odaya geri gelir.)

SILVER: Her pencere kapalı, efendim. O şekilde hiç hırsız girmedi.

THACKERAY: Ya kapı?

SILVER: Kapının anahtarı işte burada efendim.

THACKERAY: Teşekkürler komiser yardımcısı. Mm. Oldukça ağır, değil mi?

SILVER: Evet efendim. Büyük bir kilit.

BROWN: Büyük bir kilide ihtiyacımız var.

DAVY: Bu hırsızları durdurur. Duymadınız mı, müfettiş?

THACKERAY: O zaman içeri nasıl girdi?

BROWN: Ne düşünüyorsun, Paul?

DAVY: Nasıl bilebilirim? Burada değildim.

THACKERAY: Where were you, Mr Davy?

DAVY: At Robertson's store. I was talking to the shopkeeper.

THACKERAY: What about?

DAVY: We want to buy the place. Business is very good now so we need a second shop. Old man Robertson must sell this week. He needs the money quickly. But now --- after this ---- I don't think we can pay his price.

SILVER: Robertson's store? Where's that?

DAVY: It's just down the road.

BROWN: Five minutes walk from here.

THACKERAY: Mr Brown's got a key for this shop. Have you got one also, Mr Davy?

DAVY: Of course I have. It's my shop too, isn't it?

BROWN: Don't shout, Paul. They are trying to help us.

THACKERAY: Neredeydiniz, Bay Davy?

DAVY: Robertson'un mağazasında. Dükkân sahibiyle konuşuyordum.

THACKERAY: Ne hakkında?

DAVY: Yeri satın almak istiyoruz. İş şimdi çok iyi bu yüzden ikinci bir dükkâna ihtiyacımız var. Yaşlı adam Robertson bu hafta satmalı. Acil paraya ihtiyacı var. Ama şimdi --- bundan sonra --- fiyatını ödeyebileceğimizi düşünmüyorum.

SILVER: Robertson'un mağazası mı? O nerede?

DAVY: Yolun tam aşağısında.

BROWN: Buradan beş dakika yürüme mesafesi.

THACKERAY: Bay Brown'un bu dükkân için bir anahtarı var. Sizin de bir tane var mı, Bay Davy?

DAVY: Tabii ki var. Bu benim de dükkânım, değil mi?

BROWN: Bağırma, Paul. Onlar bize yardım etmeye çalışıyorlar.

DAVY: Don't shout! A thief just walks out with --- a thousand pounds, was it?

BROWN: Oh, no. Not a thousand. 716 pound and fifty pence. We didn't take a lot this week. And the insurance company will give us the money back. We can still buy Robertson's store.

DAVY: The insurance company will only pay us after three or four weeks. That will be too late. I told you before. But you never listen, do you?

BROWN: Please don't be angry, Paul.

DAVY: You didn't even try to stop the thief. And you say, " Don't be angry."

BROWN: He had a gun. What could I do?

THACKERAY: But who opened the door? Who allowed him to come in?

BROWN: I've got an idea about that lock.

THACKERAY: Oh, yes?

BROWN: A thief could open it with a piece of wire.

DAVY: Bağırma mı! Bir hırsız bin poundla çekip gitti, değil mi?

BROWN: O, hayır. Bin pound değil. 716 pound ve elli peni. Bu hafta çok kazanmadık. Ve sigorta şirketi parayı bize geri verecek. Hâlâ Robertson'un mağazasını alabiliriz.

DAVY: Sigorta şirketi sadece üç ya da dört hafta sonra bize ödeyecek. Bu çok geç olacak. Sana daha önce söyledim. Fakat hiç dinlemiyorsun, değil mi?

BROWN: Lütfen öfkelenme, Paul.

DAVY: Hırsızı durdurmayı hiç denemedin bile. Ve "Öfkelenme." diyorsun.

BROWN: Bir silahı vardı. Ne yapabilirdim?

THACKERAY: Fakat kapıyı kim açtı? Onun içeri girmesine kim izin verdi?

BROWN: Bu kilitle ilgili bir fikrim var.

THACKERAY: O, evet?

BROWN: Bir hırsız onu bir parça telle açabilirdi

SILVER: Wire?

BROWN: He could push the wire into the lock and open it. I've seen it on television.

DAVY: Television! Ha! Do you really think that? What about you, Sergeant? Do you think that, too?

SILVER: I don't know.

DAVY: Inspector?

THACKERAY: I think the thief is here now. In this room. I think a little talk will help. Sergeant Silver and I are going back to our office now. Will you come with us, sir? No, sir --- not you. You.

INSPECTOR THACKERAY EXPLAINS

(Manchester Central Police Station. The office of Inspector Thackeray and Sergeant Silver.)

THACKERAY: Sit down, sir, will you? This won't take long. Now, then, Sergeant. Where shall we begin, eh?

SILVER: Perhaps the question of the money, sir.

SILVER: Tel mi?

BROWN: Teli kilidin içine itebilir ve onu açabilir. Bunu televizyonda gördüm.

DAVY: Televizyon mu! Gerçekten böyle mi düşünüyorsun? Peki ya siz, komiser yardımcısı? Siz de öyle mi düşünüyorsunuz?

SILVER: Bilmiyorum.

DAVY: Müfettiş?

THACKERAY: Sanırım hırsız şimdi burada. Bu odada. Sanırım küçük bir konuşma yardım edecek. Komiser yardımcısı Silver ve ben şimdi ofisimize geri dönüyoruz. Bizimle gelecek misiniz, efendim? Hayır efendim --- siz değil. Siz.

MÜFETTİŞ THACKERAY AÇIKLIYOR

(Manchester Merkez Polis Karakolu. Müfettiş Thackeray ve komiser yardımcısı Silver'ın ofisi.)

THACKERAY: Oturun efendim, hadi? Uzun zaman almayacak. Şimdi, o zaman komiser yardımcısı. Nereden başlayalım, eee?

SILVER: Belki para sorusundan, efendim.

BROWN: This week's money from the shop?

THACKERAY: Yes, Mr Brown. You didn't have time to count it, did you?

BROWN: No.

THACKERAY: Then how did you know the correct figure?

BROWN: The correct figure? But I didn't know. I said between seven and eight hundred pounds.

SILVER: But you didn't say that to Mr Davy later.

BROWN: Didn't I? I don't remember. I'm sorry.

SILVER: That's all right, Mr Brown. I can help you. I wrote every word down. Davy said, " A thief just walked out with ---- a thousand pounds, was it?" And you said ---- and these are your own words ---" 716 pounds and fifty pence."

THACKERAY: So you did count the money.

BROWN: Er ---yes.

BROWN: Dükkânın bu haftalık parası mı?

THACKERAY: Evet, Bay Brown. Onu saymak için zamanınız yoktu, değil mi?

BROWN: Hayır.

THACKERAY: O zaman doğru rakamı nasıl bildiniz?

BROWN: Doğru rakam mı? Fakat bilmiyordum. Yedi ve sekiz yüz pound arası dedim.

SILVER: Sonra Bay Davy'e bunu söylemediniz.

BROWN: Söylemedim mi? Hatırlamıyorum. Özür dilerim.

SILVER: Tamam, Bay Brown. Size yardım edebilirim. Her sözü yazdım. Davy: "Bir hırsız bin poundla sadece çekip gitti, öyle mi?" dedi. Ve siz --- ve bunlar sizin kelimeleriniz ---- "716 pound ve elli peni." dediniz.

THACKERAY: Yani parayı saydınız.

BROWN: Hmm – evet.

SILVER: You changed your story, in fact.

THACKERAY: And then there's the thief.

BROWN: I didn't see him. So I can't tell you about him.

THACKERAY: But you did tell us, Mr Brown. You told us a lot. "He had a gun." you said.

SILVER: And you said. "A big fellow." I've written it down here in my notebook.

THACKERAY: And how did he get in? You gave us an idea about that. Do you remember?

BROWN: Oh, yes, that's right. I thought that perhaps he pushed a piece of wire into the lock. Possibly he used the wire to open the door.

SILVER: Like a key?

BROWN: Yes, like a key.

THACKERAY: Now then, sir. That's not possible, is it?

BROWN: Why not?

SILVER: Hikâyenizi değiştirdiniz, aslında.

THACKERAY: Ve sonra hırsız var.

BROWN: Onu görmedim. Size ondan bahsedemem.

THACKERAY: Fakat bahsettiniz, Bay Brown. Bize çok şey anlattınız. "Bir silahı vardı." dediniz.

SILVER: Ve :"İri bir herif." dediniz. Onu buraya defterime yazdım.

THACKERAY: Ve nasıl içeri girdi? Bize bununla ilgili bir fikir verdiniz. Hatırlıyor musunuz?

BROWN: O, evet, bu doğru. Belki kilide bir parça tel ittiğini düşündüm. Muhtemelen kapıyı açmak için teli kullandı.

SILVER: Bir anahtar gibi mi?

BROWN: Evet, bir anahtar gibi.

THACKERAY: Şimdi o zaman, efendim. Bu mümkün değil, değil mi?

BROWN: Neden olmasın?

THACKERAY: Because there was a key in the lock already. You left it there. That big heavy key --- remember?

SILVER: So how could the thief push wire into the lock?

THACKERAY: He couldn't, Mr Brown. You know that. And we know that. So why did you say it?

BROWN: Well .....

THACKERAY: Because you wanted us to look for the wrong man. Because there really wasn't any thief. Not from outside.

SILVER: The thief was inside.

THACKERAY: You took the money yourself, didn't you?

BROWN: Of course I didn't. I want to make money, not steal from myself.

THACKERAY: Mr Davy wants to make money too, doesn't he?

BROWN: He's a shopkeeper like me.

THACKERAY: Çünkü kilitte bir anahtar zaten vardı. Onu orada siz bıraktınız. Şu büyük anahtar ---- hatırlayın?

SILVER: Yani hırsız teli nasıl killide itebilirdi?

THACKERAY: İtemezdi, Bay Brown. Bunu biliyorsunuz. Ve bunu biliyoruz. Yani bunu neden söylediniz?

BROWN: Eee ....

THACKERAY: Çünkü yanlış adamı aramamızı istediniz. Çünkü gerçekten bir hırsız yoktu. Dışarıdan değil.

SILVER: Hırsız içerideydi.

THACKERAY: Parayı kendiniz aldınız, değil mi?

BROWN: Tabii ki almadım. Para kazanmak istiyorum, kendimden çalmak değil.

THACKERAY: Bay Davy de para kazanmak ister, değil mi?

BROWN: O benim gibi bir dükkân sahibi.

THACKERAY: Is that why he wanted to buy Robertson's?

BROWN: Yes.

SILVER: What did you think about the idea?

THACKERAY: (Pause.) The Sergeant asked you a question, Mr Brown.

BROWN: I didn't like it.

SILVER: Why?

BROWN: It's a bad buy. We'll lose money.

THACKERAY: The price is too high, isn't it?

BROWN: And the shop is in the wrong place.

SILVER: You didn't try to stop it

BROWN: I didn't want him to leave me.

SILVER: You still need his money, eh?

THACKERAY: Now I understand! Without this week's money, Davy couldn't buy Robertson's store. You didn't want him to buy it. So you made certain that he couldn't.

THACKERAY: Bu Robertson'unkini almak istediği için mi?

BROWN: Evet.

SILVER: Bu fikir hakkında ne düşündünüz?

THACKERAY: (Ara.) Komiser yardımcısı size bir soru sordu, Bay Brown.

BROWN: Bunu sevmedim.

SILVER: Neden?

BROWN: Bu kötü bir alış. Para kaybedeceğiz.

THACKERAY: Fiyat çok yüksek, değil mi?

BROWN: Ve dükkân yanlış yerdeydi.

SILVER: Onu durdurmayı denemediniz.

BROWN: Benden ayrılmasını istemedim.

SILVER: Hâlâ parasına ihtiyacınız var, eh?

THACKERAY: Şimdi anlıyorum! Bu haftanın parası olmadan, Davy Robertson'un mağazasını alamazdı. Onu almasını istemedin. Bu yüzden alamayacağından emin oldun.

SILVER: You stole it yourself.

THACKERAY: And Davy couldn't leave you.

SILVER: It was a robbery.

THACKERAY: He couldn't say it was your fault.

SILVER: But now you'll have to leave him.

BROWN: Why?

SILVER: You will have to go to prison.

BROWN: Prison! But --- but --- I'm an honest man. I've never been in trouble with the police.

SILVER: You're now.

BROWN: Inspector. You've known me for years. I'm not a bad man. I only did this because of my family. I've a wife and three children. I couldn't allow Davy to destroy my business.

THACKERAY: At last! The truth. Now if you tell us the true story ----

SILVER: All the facts.

SILVER: Onu kendiniz çaldınız.

THACKERAY: Ve Davy sizden ayrılamadı.

SILVER: O bir soygundu.

THACKERAY: Sizin hatanız olduğunu söyleyemedi.

SILVER: Fakat şimdi ondan ayrılmak zorundasınız.

BROWN: Neden?

SILVER: Hapise gitmek zorunda kalacaksınız.

BROWN: Hapis mi! Fakat ---Ben dürüst bir adamım. Polisle hiç başım belaya girmedi.

SILVER: Şimdi girdi.

BROWN: Müfettiş. Beni yıllardan beri tanırsınız. Ben kötü bir adam değilim. Bunu sadece ailem için yaptım. Bir karım ve üç çocuğum var. Davy'nin işlerimi mahvetmesine izin veremezdim.

THACKERAY: Sonunda! Gerçek. Şimdi bize doğru hikâkeyi anlatırsanız ------

SILVER: Bütün gerçekleri.

THACKERAY: --- And if you put the money back in the safe, perhaps you won't have to go to prison. Who knows? Perhaps, we'll even be able to forget all about it.

THACKERAY: ---- Ve eğer parayı kasaya geri koyarsanız, belki hapse gitmek zorunda kalmazsınız. Kim bilir? Belki bunların hepsini unutabiliriz bile.

SORULAR

Okuduğunuz **"The Quiet Thief"** isimli hikâye ile ilgili soruları cevaplandırınız.

1. How many rooms have usually the small shops in Manchester?
2. Which room is usually the office?
3. What does the owner do in the office?
4. What did Thackeray send to the shopkeepers?
5. What did he write in the letter?
6. Where are Thackeray and Silver?
7. What are there in the room?
8. What did the thief take from the safe?
9. What didn't the thief touch?
10. Is Brown the owner of the shop?
11. What did Thackeray buy from this shop before?
12. Does Brown have a partner?
13. What is the name of his partner?
14. Where is he today?
15. Was he alone here in the office?
16. What does Brown do every Thursday, before he goes home?
17. Why does he count on Thursday?
18. What did he do that night?
19. What happened when he turned back to the safe there?
20. What did the thief do then?

21. How much was the money?
22. Did he have time to count it?
23. Did he see the thief?
24. Whose voice was it?
25. What time did it happen?
26. Was the shop shut?
27. Who came to the shop half past six?
28. How many men were there?
29. Where did the thief get in?
30. How many doors has the shop?
31. Is the door open?
32. Who locked the door?
33. Where was the key of the door?
34. Was the key on the outside or on the inside?
35. Were the windows shut?
36. Why does he have to shut all the windows?
37. How did the thief leave?
38. How did Paul know how the thief left?
39. Where was Paul Davy that night?
40. What was he doing there?
41. What about were they talking?
42. Why do they want to buy a second shop?
43. Why must Robert sell the shop this week?
44. What did Brown say when Paul said that the thief took a tousand pounds?
45. Will the insurance company give the money back?

46. When will the insurance company pay the money?
47. Why can't they buy the shop after the insurance company pays the money?
48. How could the thief open the door?
49. Where has Brown seen it?
50. Where is the thief now?
51. How can Thackeray understand that Brown is the thief?
52. What did Brown say about the thief?
53. What did Brown say about the key?
54. Is that possible?
55. Why isn't that possible?
56. Was the thief outside or inside?
57. Why did Brown steal the money?
58. Why didn't Brown want to buy the shop?
59. Why didn't Brown try to stop his partner?
60. Is Brown a bad man?
61. Why did he do this?
62. How many children has Brown?
63. How won't he have to go to prison?

THE PROFESSOR
PROFESÖR

THE PROFESSOR

Characters

PROFESSOR HUNTER, an old man

MARY HUNTER, his daughter

MISS GREEN, his secretary

DR FITT

MR ROSE

the men from London

INSPECTOR HADLEY

SERGEANT BULL

Scene 1

Mary Hunter and Miss Green are in the professor's room. It is a large, pleasant room, with a lot of books in it. There is a big desk near the window.

MARY: Father's very excited this morning, Miss Green. He didn't want his breakfast. He only had a cup of coffee.

PROFESÖR

Kişiler:

Profesör Hunter, yaşlı bir adam

Mary Hunter, kızı

Bayan Green, sekreteri

Doktor Fitt

Bay Rose

Londralı adamlar

Müfettiş Hadley

Çavuş Bull

Sahne 1

Mary Hunter ile Bayan Green profesörün odasındadır. İçinde bir sürü kitap olan, geniş, hoş bir odadır. Pencere yanında büyük bir yazı masası vardır.

Mary: Babam bu sabah pek heyecanlı, Bayan Green. Kahvaltısını istemedi. Bir fincan kahve içti sadece.

MISS GREEN: Yes, of course he's excited. I am rather excited, too. This is a very important day. He is ready to give his invention to the world. Of course he hasn't built the machine, but the papers are complete. I copied them myself.

MARY: But what is his invention? I know that it's a machine. But that's all. Father tried to explain it to me but I couldn't understand. Do you understand it?

MISS GREEN: No, not very well! Only the professor really understand it. But I know that it's good. The government likes the idea. Your father wants to give his invention to the government. He wants to help people.

MARY: Yes, I'm sorry that father can't go to London himself. He wanted to go, of course, but he's not very strong. So the men from the government are coming here. They'll take the papers to London.

MISS GREEN: And then the professor will be famous!

The telephone rings. Miss Green picks it up and answers.

Bayan Green: Evet, heyecanlı elbette. Ben de biraz heyecanlıyım. Bu çok önemli bir gün. İcadını dünyaya vermeye hazırdır. Makineyi yapmadı tabii, ama kâğıtları tamam. Onları ben kendim kopya ettim.

Mary: Fakat icadı nedir? Bir makine olduğunu biliyorum. Fakat hepsi bu. Babam bana açıklamaya çalıştı ama anlayamadım. Sen anlıyor musun?

Bayan Green: Hayır, pek iyi anlayamıyorum! Onu gerçekten sadece profesör anlıyor. Fakat ben onun iyi olduğunu biliyorum. Hükümet fikri beğeniyor. Baban icadını hükümete vermek istiyor. İnsanlara yardım etmek istiyor.

Mary: Evet, babamın kendisi Londra'ya gidemediği için üzülüyorum. Gitmek istedi, tabii ama pek kuvvetli değil. Bu yüzden hükümet adamları buraya geliyor. Kâğıtları Londra'ya götürecekler.

Bayan Green: Ve sonra da profesör ünlü olacak.

Telefon çalar. Bayan Green açıp cevap verir.

MISS GREEN: Hello? Yes, this is Professor Hunter's house. Yes, Miss Hunter is here. One moment, please. (She gives the telephone to Mary Hunter.) It's for you, dear. I think that it's Dr Smith.

MARY: Good morning. Miss Hunter speaking. Yes, Dr Smith, I'm very well, thank you. Yes, father's well, too. He's excited this morning, but we'll look after him. What's that? Freda's in hospital? Yes, of course I'll come. I wanted to stay with father, but it doesn't matter. Yes, I'll be there in an hour. Goodbye.

Mary Hunter puts the telephone down.

MISS GREEN: What's the matter with your friend? Is she very ill?

MARY: She's broken her leg and they've taken her to hospital. She's asked to see me, so I must go. Oh dear! I wanted to stay here this morning. I wanted to look after father.

MISS GREEN: It's all right, Mary. I'll be with him. I am his secretary.

The professor comes into the room. He cannot see well because he is old.

Bayan Green: Alo? Evet, Profesör Hunter'ın evi burası. Evet, Bayan Hunter burada. Bir dakika, lütfen. (Telefonu Mary Hunter'e verir.) Sana, canım. Doktor Smith'tir sanırım.

Mary: Günaydın. Ben Bayan Hunter (Bayan Hunter konuşuyor).. Evet, Doktor Smith, çok iyiyim, teşekkür ederim. Evet, babam da iyi. Bu sabah heyecanlı ama, biz ona bakarız. Nedir? Freda hastanede mi? Evet, elbette geleceğim. Babamla kalmak istiyordum ama ziyanı yok. Evet, bir saate kadar orada olurum. Güle güle.

Mary Hunter telefonu yerine bırakır.

Bayan Green: Arkadaşının nesi var? Çok hasta mı?

Mary: Bacağını kırmış ve onu hastaneye kaldırmışlar. Beni görmek istemiş, bu yüzden gitmem gerekiyor. Hay Allah! Ben bu sabah burada kalmak istiyordum. Babama bakmak istiyordum.

Bayan Green: Zararı yok, Mary. Ben yanında olacağım. Sekreteriyim.

Profesör odaya girer. Yaşlı olduğu için iyi göremez.

PROFESSOR: I can't find my glasses. (To Mary.) Have you seen them?

MISS GREEN (going to the professor's desk): Here they are, professor. (She gives the glasses to the professor.)

PROFESSOR: Ah, thank you, Miss Green. (He puts on his glasses.) I can't see without them. Now, what's the time? Hm, where's my watch? (He looks for his watch in his pocket.)

MARY (laughing): You're wearing it, father. I bought you a new one. Don't you remember?

PROFESSOR (also laughing): Yes, of course you did. I quite forgot. I forget a lot of things, don't I? But I can still do my work! That's the important thing.

MARY: Of course it is, father.

PROFESSOR (looking at his watch): Why, it is almost ten. When are the men coming from London? (To Miss Green.) At ten thirty, wasn't it?

MISS GREEN: No, eleven.

Profesör: Gözlüklerimi bulamıyorum. (Mary'ye.) Onları gördün mü?

Bayan Green (Profesörün masasına giderek): İşte burada, profesör. (Gözlükleri profesöre verir.)

Profesör: A, teşekkür ederim, Bayan Green. (Gözlüklerini takar.) Onlarsız göremiyorum. Şimdi saat kaç? Hımm, saatim nerede? (Cebinde saati arar.)

Mary (gülerek): O üzerinde, baba. Sana yenisini satın almıştım. Hatırlamıyor musun?

Profesör (o da gülerek): Evet, aldındı elbet. Tamamen unuttum. Çok şey unutuyorum, değil mi? Fakat hâlâ işimi yapabiliyorum! Önemli olan da bu.

Mary: Elbette öyle, baba.

Profesör (saatine bakarak): O, neredeyse on olmuş. Adamlar ne zaman geliyor Londra'dan? (Bayan Green'e) on buçuktaydı, değil mi?

Bayan Green: Hayır, on bir.

PROFESSOR: Oh, I thought that it was ten thirty. It doesn't matter. I can read through my papers again.

MARY: Dr Smith telephoned a few minutes ago, father.

PROFESSOR: Oh, what did he want?

MARY: My friend Freda's broken her leg and they've taken her to hospital. She asked to see me. So I have to leave now. I'm sorry that I can't stay with you.

PROFESSOR: That's all right, Mary. Miss Green will look after me.

MARY: I must go then. I'll be back at twelve. You can tell me about your morning.

PROFESSOR: Goodbye, dear. Give my love to Freda.

Mary kisses her father and goes out.

PROFESSOR: Now, let me see. Ah, yes, my papers. (He goes to his desk and sits down.)

MISS GREEN: Do you need me now, professor?

Profesör: A, ben on buçuktu sanıyordum. Ziyanı yok. Kâğıtlarımı tekrar gözden geçirebilirim.

Mary: Doktor Smith birkaç dakika önce telefon etti, baba.

Profesör: A, ne istedi?

Mary: Arkadaşım Freda bacağını kırmış ve onu hastaneye kaldırmışlar. Beni görmek istemiş. Bu yüzden gitmem gerekiyor. Senin yanında kalamadığım için üzgünüm.

Profesör: Zarar yok, Mary. Bayan Green bana bakar.

Mary: Öyleyse gitmeliyim. On ikide dönerim. Sabahını bana anlatırsın.

Profesör: Güle güle, canım. Freda'ya sevgilerimi ilet.

Mary babasını öper ve dışarı çıkar.

Profesör: Şimdi bakayım. A evet, kâğıtlarım. (Yazı masasına gider ve oturur.)

Bayan Green: Şimdi bana ihtiyacınız var mı, profesör?

PROFESSOR: Er, no. I want to be alone. I'll ring if I need you.

Miss Green goes out of the room.

PROFESSOR (talking to himself): Hm, these women! They think that I can't look after myself. I may lose my glasses. I may forget about my watch. But these things aren't important. (He begins to read his papers.)

Scene 2

Half an hour later. The professor is still reading his papers. Miss Green comes into the room.

MISS GREEN (very excited): They're here professor! They've arrived!

PROFESSOR (looking up): Who, Miss Green? What are you talking about?

MISS GREEN: The men from the government, of course.

PROFESSOR (looking at his watch): But it's only half past ten. You said that they were coming at eleven.

Profesör: Şey, hayır. Yalnız kalmak istiyorum. Sana ihtiyacım olursa zili çalarım.

Bayan Green odadan çıkar.

Profesör (kendi kendine konuşarak): Hımm, şu kadınlar! Kendime bakamayacağımı sanıyorlar. Gözlüklerimi kaybedebilirim. Saatimin ne olduğunu unutabilirim. Fakat bu şeyler önemli değil ki. (Kâğıtlarını okumaya başlar.)

Sahne 2

Yarım saat sonra. Profesör hâlâ kâğıtlarını okumaktadır. Bayan Green odaya girer.

Bayan Green (pek heyecanlı): Buradalar, profesör! Geldiler!

Profesör (başını kaldırıp bakarak): Kim, Bayan Green? Neden bahsediyorsun?

Bayan Green: Hükümet adamları, tabii.

Profesör (saatine bakarak): Fakat on buçuk daha. On birde geleceklerini söylemiştin.

MISS GREEN: Well, they've come early. Shall I bring them in or must they wait?

PROFESSOR: No, no, bring them in of course. But give me a few minutes. I want to finish this page.

Miss Green goes to the door. Then she stops.

MISS GREEN: Oh, they've shown me their cards, professor. They are the right men.

PROFESSOR: Good. I wanted to see their cards, but it won't be necessary now. I don't want to give my invention to the wrong men!

Miss Green goes out. After five minutes she comes in again. The two men are with her.

DR FITT: Good morning, professor. My name is Fitt. Dr Fitt. And this is Mr Rose. He's my assistant. He's... looking after me. We don't want to lose your papers!

PROFESSOR: Lose my papers? Oh, I see. No, of course not. Well, please sit down.

Miss Green puts two chairs near the professor's desk and the two men sit down.

Bayan Green: Şey, erken gelmişler. Onları içeri mi getireyim, yoksa beklesinler mi?

Profesör: Yok, hayır, içeri getir, tabii. Fakat bana birkaç dakika ver. Bu sayfayı bitirmek istiyorum.

Bayan Green kapıya gider. Sonra durur.

Bayan Green: Aa, kartlarını bana gösterdiler, profesör. Onlar doğru adamlar.

Profesör: İyi. Kartlarını görmek istiyordum ama şimdi gerekmeyecek. İcadımı yanlış kimselere vermek istemem!

Bayan Green dışarı çıkar. Beş dakika sonra tekrar içeri girer. İki adam da onunladır.

Doktor Fitt: Günaydın, profesör. Adım Fitt'tir. Doktor Fitt. Bu da Bay Rose'dur. Asistanımdır. O... bana bakıyor (koruyor). Kâğıtlarınızı kaybetmek istemeyiz!

Profesör: Kâğıtlarımı kaybetmek mi? A, anlıyorum. Yo, elbette hayır. Eee... oturun, lütfen.

Bayan Green profesörün masası yanına iki sandalye koyar ve iki adam oturur.

PROFESSOR: So you've come for my papers. For my invention.

MISS GREEN: Shall I bring some coffee?

DR FITT: No coffee for us, thank you. We can't stay long. We have to go back to London soon.

Miss Green goes out.

DR FITT: That's right, professor.

PROFESSOR: I wanted to go to London myself, but my daughter didn't let me go.

DR FITT: I'm sorry, professor. But we'll take care of the papers.

PROFESSOR: Now let me see. Where did I put them?

Dr Fitt rather surprised. He looks at Mr. Rose.

DR FITT: There are some papers on your desk professor, Are they the ones?

PROFESSOR: Oh, these? No, they're not the papers for you. These are only some old papers.

Profesör: Demek ki kâğıtlarım için geldiniz. İcadım için.

Bayan Green: Biraz kahve getireyim mi?

Doktor Fitt: Bize kahve istemez, teşekkür ederiz. Fazla kalamayız. Hemen Londra'ya dönmek zorundayız.

Bayan Green dışarı çıkar.

Doktor Fitt: Doğru, profesör.

Profesör: Londra'ya ben kendim gitmek istiyordum ama, kızım bırakmadı.

Doktor Fitt: Üzüldüm, profesör. Fakat kâğıtlara dikkat edeceğiz.

Profesör: Şimdi bakayım. Onları nereye koymuştum?

Doktor Fitt biraz şaşırır. Bay Rose'e bakar.

Doktor Fitt: Masanızın üzerinde bir takım kâğıtlar var, profesör. Onlar mı?

Profesör: O, bunlar mı? Hayır, sizin için olan kâğıtlar değil onlar. Bunlar birkaç eski kâğıt sadece.

Ah, I remember now I put the papers behind some books. (He stands up.)

DR FITT: Behind your books? That's not a very good place for papers, isn't it?

PROFESSOR: Yes, it is. No one touches my books. (He takes down some books. There are some papers behind them.) Yes, here they are. (He gives the papers to Dr Fitt.) You know about my invention, don't you?

DR FITT: Well, of course. We've talked about it in the office.

PROFESSOR: I see.

DR FITT (looking at the papers): Yes, the government thinks that your invention is very important. It's going to help the world. You'll be famous, professor.

PROFESSOR: I don't want to be famous. I only want to help people. So I'm giving my invention to the government. I don't want any money for it.

DR FITT: Yes, we understand that, sir. The country will thank you for it. (He looks at his watch.) I'm afraid that we have to go now.

A, şimdi hatırlıyorum. Kâğıtları bazı kitapların arkasına koymuştum. (Ayağa kalkar.)

Doktor Fitt: Kitaplarınızın arkasına mı? Kâğıtlar için pek iyi bir yer değil o, değil mi?

Profesör: Evet, öyle. Kitaplarıma kimse dokunmaz. (Bazı kitapları indirir. Gerilerinde bazı kâğıtlar vardır.) Evet işte burada onlar. (Kâğıtlar Doktor Fitt'e verir.) İcadım hakkında bilginiz var, değil mi?

Doktor Fitt: Ya, elbette. Büroda onun hakkında konuşmuştuk.

Profesör: Anlıyorum.

Doktor Fitt (kâğıtlara bakarak): Evet, hükümet icadınızın çok önemli olduğunu düşünüyor. Dünyaya yardımcı olacak. Ün kazanacaksınız profesör.

Profesör: Ünlü olmak istemiyorum. Sadece insanlara yardım etmek istiyorum. Bu yüzden icadımı hükümete veriyorum. Onun için para istemiyorum hiç.

Doktor Fitt: Evet, bunu anlıyoruz, efendim. Memleket bunun için size teşekkür edecektir. (Saatine bakar.) Korkarım ki şimdi gitmemiz gerekiyor.

PROFESSOR: Well, take good care of the papers.

Dr Fitt puts the papers in his bag and stands up. Mr Rose stands up, too.

DR FITT: Well, goodbye, professor. We'll write to you.

PROFESSOR: Goodbye. (He stands up.)

The two men go out. The professor sits down at his desk again and laughs.

PROFESSOR: Well, that was fun! Now we must wait and see.

Scene 3

It is about eleven o'clock. The professor is stil looking at the papers on his desk. Miss Green runs into the room.

MISS GREEN: Oh professor! Those two men! Have they left?

PROFESSOR (looking up): Yes, of course they've left, Miss Green. They've taken the papers and they've gone back to London.

Profesör: Peki, kâğıtlara çok dikkat edin.

Doktor Fitt kâğıtları çantasına koyup ayağa kalkar. Bay Rose da kalkar.

Doktor Fitt: Peki, hoşça kalın, Profesör. Size yazarız.

Profesör: Güle güle. (Ayağa kalkar.)

İki adam çıkarlar. Profesör tekrar masasına oturur ve güler.

Profesör: Eee... pek eğlenceliydi! Bekleyip görelim.

Sahne 3

Saat on bir sırasıdır. Profesör hâlâ masasındaki kâğıtlara bakmaktadır. Bayan Green koşarak odaya girer.

Bayan Green: Ah, profesör! O iki adam! Gittiler mi?

Profesör (başını kaldırıp bakarak): Evet, gittiler, tabii, Bayan Green. Kâğıtları alıp Londra'ya döndüler.

MISS GREEN: Oh, that's terrible!

PROFESSOR: What's terrible? What are you talking about? Explain yourself.

MISS GREEN (beginning to cry): They were the wrong men, professor!

PROFESSOR: I don't understand. You looked at their cards, didn't you?

MISS GREEN: I know. But they stole those cards.

PROFESSOR: How do you know?

MISS GREEN: The police telephoned. The right men were coming from London. These men stopped the car. They shut the men in an empty house and stole all their papers. And now they've stolen your invention. What are we to do?

At that moment the doorbell rings.

PROFESSOR: Go and open the door, Miss Green. It may be the police.

Miss Green goes out of the room. She comes back with two policemen.

Bayan Green: Korkunç bu!

Profesör: Korkunç olan ne? Neden bahsediyorsun? Açıklayıver.

Bayan Green (ağlamaya başlayarak): Yanlış adamlarmış, profesör!

Profesör: Anlamıyorum. Kartlarına bakmıştın, değil mi?

Bayan Green: Biliyorum. Fakat o kartları çalmışlar.

Profesör: Nereden biliyorsun?

Bayan Green: Polis telefon etti. Asıl adamlar Londra'dan geliyorlardı. Bu adamlar arabayı durdurmuş. Adamları boş bir eve kapatıp bütün kâğıtlarını çalmışlar. Ve şimdi de sizin icadınızı çalmışlar. Ne yapacağız?

Tam o anda kapının zili çalar.

Profesör: Git kapıyı aç, Bayan Green. Polis olabilir.

Bayan Green odadan çıkar. İki polis memuruyla döner.

INSPECTOR: I'm Inspector Hadley, sir. And this is Sergeant Bull.

PROFESSOR: Please take a seat.

The inspector and the sergeant sit down. The inspector puts his hat on the professor's desk.

INSPECTOR: So those men have taken your papers and already left. Your secretary has told us. But describe the men, professor, and we'll try to catch them.

PROFESSOR: It isn't necessary, inspector.

INSPECTOR: Not necessary? I don't understand sir. These men have stolen your invention.

PROFESSOR: Oh, the papers aren't very important.

MISS GREEN: What are you saying, professor? You've worked hard. You wanted to give your invention to the country. Now these men will sell it and make money.

PROFESSOR: Yes, I worked hard. That's true. But those two men won't sell my invention.

INSPECTOR: Why not?

Müfettiş: Ben müfettiş Hadley'im, efendim. Bu da Çavuş Bull'dur.

Profesör: Oturun, lütfen.

Müfettişle çavuş oturur. Müfettiş şapkasını profesörün yazı masası üzerine koyar.

Müfettiş: Demek ki, bu adamlar kâğıtlarınızı alıp gittiler bile. Sekreteriniz bize söyledi. Fakat adamları tarif edin, profesör; onları yakalamaya çalışacağız.

Profesör: Lüzum yok, müfettiş.

Müfettiş: Lüzum yok mu? Anlamıyorum, efendim. Bu adamlar sizin icadınızı çalmışlar.

Profesör: Ha, kâğıtlar pek önemli değil.

Bayan Green: Ne diyorsunuz, profesör? Çok çalıştınız. İcadınızı memlekete vermek istediniz. Bu adamlar şimdi onu satıp para kazanacaklar.

Profesör: Evet, çok çalıştım. Doğrudur. Fakat bu iki adam benim icadımı satmayacaklar.

Müfettiş: Niçin satmayacaklar?

PROFESSOR: Because I didn't give it to them!

MISS GREEN: Oh!

PROFESSOR: I'll explain. When I saw the men, I didn't like them. You looked at their cards, Miss Green, but I had to be certain. I couldn't give my invention to the wrong men, could I?

INSPECTOR: So what did you do?

PROFESSOR: Well, Dr Fitt said that he knew about my invention. He said that they talked about it. But that wasn't possible. Only very important people knew about my invention.

MISS GREEN: You were quite right.

PROFESSOR: I gave Dr Fitt some old papers. He read them and accepted them. So he didn't know about my invention. I knew that he wasn't the right man.

INSPECTOR: So you've still got the papers?

PROFESSOR: Yes, they're on my desk. They were there all the time.

INSPECTOR: But we must try to catch those men, professor. Can you describe them to us?

Profesör: Çünkü onlara vermedim onu!

Bayan Green: Oh!

Profesör: Açıklayayım. Adamları görünce onlardan hoşlanmadım. Sen kartlarına bakmıştın, Bayan Green, fakat benim emin olmam gerekiyordu. İcadımı yanlış kişilere veremezdim, değil mi?

Müfettiş: Peki, ne yaptınız?

Profesör: Şey, Doktor Fitt icadım hakkında bilgisi olduğunu söyledi. Bunu üzerinde konuştuklarını söyledi. Fakat bu mümkün değildi. Sadece çok önemli kişiler icadımı biliyordu.

Bayan Green: Tamamen haklıydınız.

Profesör: Doktor Fitt'e bazı eski kâğıtları verdim. Onları okuyup kabul etti. Demek ki icadımı bilmiyordu. O adam olmadığını anladım.

Müfettiş: Demek ki kâğıtlar hâlâ sizde.

Profesör: Evet, masamın üzerindedir. Onlar hep oradaydı.

Müfettiş: Fakat o adamları yakalamaya çalışmalıyız, profesör. Onları bize tarif edebilir misiniz?

PROFESSOR: Let me see. (He thinks.) Dr Fitt was short and fat. And he had no hair.

MISS GREEN: No, professor. That was Mr Rose. Dr Fitt was tall and thin.

PROFESSOR: Are you sure? Well, perhaps you're right. I can't remember things like that.

INSPECTOR (standing up): It doesn't matter, professor. We mustn't waste your time. Miss Green will describe the men for us.

The sergeant stands up too. Both men go to the door.

PROFESSOR: You've forgotten your hat, inspector! (He gives the hat to the inspector.) Oh, Miss Green. I'll go to London after all. I'll take the papers there myself. Telephone and say that I'll come on Monday.

MISS GREEN: Very well, professor.

Miss Green and the two policemen go out. The professor sits down at his desk again.

PROFESSOR (to himself): Now for some work! Hm, where did I put my glasses?

Profesör: Bir bakayım. (Düşünür.) Doktor Fitt kısa boylu ve şişmandı. Ve hiç saçı yoktu.

Bayan Green: Hayır, profesör. Bay Rose'du o. Doktor Fitt uzun boylu ve zayıftı.

Profesör: Emin misin? Ya, belki de haklısın. Böyle şeyleri hatırlayamıyorum.

Müfettiş (ayağa kalkarak): Ziyanı yok, profesör. Vaktinizi boşuna almamalıyız. Bayan Green adamları bize tarif eder.

Çavuş da kalkar. Her iki adam da kapıya gider.

Profesör: Şapkanızı unuttunuz, müfettiş. (Şapkayı müfettişe verir.) O, Bayan Green. Bütün bunlardan sonra Londra'ya gideceğim. Kâğıtları ben kendim götüreceğim. Telefon edip pazartesi geleceğimi söyle.

Bayan Green: Pek iyi, profesör.

Bayan Green ile iki polis memuru çıkarlar. Profesör yine yazı masasının başına oturur.

Profesör (kendi kendine): Şimdi biraz iş! Hımm, gözlüklerimi nereye koymuştum?

SORULAR

Okuduğunuz **"The professor"** isimli oyun ile ilgili bu soruları cevaplandırınız.

1. What kind of room is this?
2. Are there a few or a lot of books in it?
3. How is the professor today?
4. What kind of day is it?
5. What is his invention?
6. Can they understand it?
7. Whom will he give his invention?
8. Why can't he go to London?
9. What does he want to do?
10. Who is coming?
11. How many men are coming?
12. Which city are they coming from?
13. What has happened to Mary's friend?
14. Where will she go?
15. What is the professor looking for?
16. Can he see without them?
17. At what time will they come?
18. Who is very excited?
19. When does she come in again?
20. Whom have they shown their cards?
21. What isn't necessary?
22. Do they want coffee?
23. Can they stay long?
24. What is there on the desk?
25. Who touches his books?

26. Did he want any money for his invention?
27. Who will take care of the papers?
28. Does he believe them or not?
29. Did he give them his invention?
30. Why didn't he give it?
31. What did he give them?
32. When will he go to London?

CEVAPLAR

THE TRAIN ROBBERS CEVAPLAR

1. He was Colin Walker.
2. The police have just now arrived.
3. Yes, they are.
4. He is putting a large railway map on the wall.
5. He was in the far corner.
6. He is answering questions.
7. Five hundred thousand pounds is missing.
8. The Bank of England's orders. They wanted to make some new pound notes. So first they had to burn the old ones.
9. There were three thieves.
10. They found a cigar end.
11. No, there is no name on it.
12. Silver doesn't know.
13. He is able to name a cigar by its smell.
14. No, they didn't.
15. It is Havana.
16. It is fifty pence.
17. They found it on the floor of the guard's van.
18. They must go back to the train.
19. He feels better now.
20. No, they haven't.
21. Because the thieves were wearing gloves.
22. The guard is sitting on a stool in the corner.
23. His name is Arthur Jones.
24. Silver will make notes of this conversation.

25. They're in his top right hand pocket.
26. No, he doesn't.
27. It is heavy, very thick and strong.
28. He was counting the mail bags.
29. They knocked twice.
30. Because sometimes the ticket inspector brought him a cup of tea.
31. Three men came in. They pushed him back into the van.
32. Two of them were tall and one was quite short.
33. No, they had nylon stockings over their head.
34. They were wearing black coats and shoes. But the short man was wearing a grey coat.
35. One of them was wearing a ring and it cut his face.
36. It was gold.
37. No, he isn't. But it was yellow.
38. Because the train was going fast and making a lot of noise.
39. They left the train ten minutes later, when they stopped at some signals.
40. The short one. He never took it out of his mouth.
41. A man from the B.B.C telephoned.
42. No, this man's from television.
43. There were three reasons they wanted to talk at the police staion.

44. It was "Where did you put the money?"
45. Because they hit him. He had a cut on his face. But they were wearing gloves and the guard could see his ring. He said: "It was gold and it was yellow."
46. The robbers were wearing a nylon stocking and one of them smoked at the same time.
47. He couldn't hear the robbers but he could hear two knocks at the door. And the door was thick and heavy.
48. Because he likes to ask questions, not answer them.
49. They trained them to answer questions in front of a camera at the police college.

THE DRIVER DIDN'T STOP CEVAPLAR

1. He had to catch criminals, he had to write reports, and he had to teach Sergeant Silver.
2. When the Inspector had a small case, he always tried to finish it in the same day.
3. This case appeared to be quite a small one.
4. The two policemen left the office at two o'clock.
5. They were still looking.
6. It was raining.
7. Yes, they were tired and wet and hungry.
8. Sergeant Silver wanted to see these people next morning.
9. He wanted to continue.
10. They will watch footbal match.
11. England and Scotland.
12. They heard a knock at the door.
13. John opens the door.
14. No, it hasn't stopped since this morning.
15. He'll hang them on the door.
16. No, they haven't been out.
17. Slyvia's shoes are next to the fire.
18. Because they are so wet.
19. She went out at lunch.
20. When she came in, she put them there.
21. She has been out for ten minutes.
22. She went out to buy some milk.

23. They are looking for a car.
24. Because there's been an accident.
25. She went out for the milk at one o'clock.
26. They close at a quarter past one on Wednesday afternoon.
27. It was a car accident. The driver didn't stop. And he knocked down a child.
28. Her arm and leg has broken.
29. The child was seven yeras old.
30. It was black.
31. Yes it is.
32. Yes, the child saw a part of it.
33. It was ABK 75.
34. The child saw K7.
35. The driver of the car was a woman.
36. It was on the road.
37. Only when it's very wet.
38. Because the path to the house is too soft for the car in wet weather.
39. Because one of them was driver of the car in the accident.
40. Because they were at home from ten past one. That fire was very warm but her shoes were still wet.
41. She answered: "I put my shoes there just before you came in."
42. She said: "I put them there when I came in."
43. No, he didn't.
44. Because she was the driver of the car.

THE QUIET THIEF CEVAPLAR

1. They have usually two rooms.
2. The small room is usually the office.
3. The owner keeps money and papers there.
4. He sent a letter to the shopkeepers.
5. "Put your money in bank every day." he wrote.
6. They are in the back room of Mr Brown's shop.
7. There are a table in the middle of the room and a safe against the wall at the back.
8. He only took the money.
9. He didn't touch his business books.
10. Yes, he is.
11. He always bought his pipe tobacco here.
12. Yes, he does.
13. His name is Paul Davy.
14. He's away today.
15. Yes, he was.
16. He counts the money.
17. Because he has to take it to the bank early Friday morning.
18. He took the money out of the safe. And he put it on this table.
19. A voice behind him said, "Don't move. I have a gun. Put up your hands. And don't look behind you."

20. Then he took the money from the table, and he went out.
21. He doesn't know- perhaps between seven and eight hundred pounds.
22. No, he didn't.
23. No, he didn't.
24. The voice was a man's.
25. It happened at six o'clock.
26. Yes, it was.
27. Paul Davy came to the shop.
28. There was only one. A big fellow.
29. They don't know.
30. It has only one door.
31. No, it isn't.
32. Brown locked the door.
33. He left it in the lock.
34. It was on the inside.
35. Yes, they were.
36. Because the insurance company says they must.
37. He left from this office into the shop. And from the shop into the street.
38. Because it is the only way.
39. He was at Robertson's store.
40. He was talking to the shopkeeper.
41. They wanted to buy his place.
42. Because business is very good now.
43. Because he needs the money quickly.
44. He said: "Not a thousand. 716 pound and fifty pence. We didn't take a lot this week."

45. Yes, it will.
46. It will pay three or four months later.
47. Because it will be too late.
48. "A thief could open it with a piece of wire." said Brown.
49. Brown has seen it on television.
50. The thief is in that room.
51. First he said I couldn't count the money, but then he said that the thief stole 716 pounds and fifty pence.
52. At first he said that he couldn't see him. But then he said that he was a big fellow.
53. He said: "Possibly he used the wire to open the door."
54. No, it isn't.
55. Because there was a key in the lock already.
56. The thief was inside.
57. Because he didn't want Paul to buy a second shop.
58. Because the shop is in the wrong place and they will lose the money.
59. Because he didn't want Paul to leave him.
60. No, he isn't.
61. He did this for his family.
62. He has three children.
63. If he puts the money back in the safe, he won't have to go to prison.

"THE PROFESSOR" Cevapları

1. It is a large, pleasant room.
2. There are a lot of books in it.
3. He is excited today.
4. It is an important day.
5. It is a machine.
6. No, they cannot.
7. He will give it to the government.
8. Because he is not very strong.
9. He wants to help people.
10. The men from the government are coming.
11. Two men are.
12. They are coming from London.
13. She has broken her leg.
14. She will go to the hospital.
15. He is looking for his glasses.
16. No, he cannot.
17. They will come at eleven o'clock.
18. Miss Green is.
19. After five minutes, she comes in again.
20. They have shown them to Miss Green.
21. To see their cards isn't necessary.
22. No, they don't.
23. No, they cannot.
24. There are some papers on the desk.
25. Nobody does.
26. No, he didn't.
27. Doctor Fitt will.

28. He doesn't believe them.
29. No, he didn't.
30. He didn't give it because he didn't like them.
31. He gave them some old papers.
32. He will go to London on Monday.

DİĞER İNGİLİZCE YAYINLARIMIZ

SÖZLÜKLER

İNGİLİZCE MİNİ SÖZLÜK
- İngilizce-Türkçe/Türkçe-İngilizce, 10 bin sözcük
- 6 x 8 cm. 494 sayfa

İNGİLİZCE CEP SÖZLÜĞÜ
- İngilizce-Türkçe/Türkçe-İngilizce, 20 bin sözcük
- 8 x 11 cm. 492 sayfa, renkli baskı

İNGİLİZCE EL SÖZLÜĞÜ
- İngilizce-Türkçe/Türkçe-İngilizce, 20 bin sözcük
- 7,5 x 10,5 cm. 520 sayfa, renkli baskı, plastik kapaklı

İNGİLİZCE REHBER SÖZLÜK
- İngilizce-Türkçe/Türkçe-İngilizce, 20 bin sözcük
- 7,5 x 15 cm. 422 sayfa, renkli baskı

İNGİLİZCE STANDART SÖZLÜK
- İngilizce-Türkçe/Türkçe-İngilizce, 35 bin sözcük
- 12 x 16 cm. 594 sayfa, renkli baskı

İNGİLİZCE MODERN SÖZLÜK
- İngilizce-Türkçe/Türkçe-İngilizce, 90 bin sözcük
- 14 x 20 cm. 914 sayfa, renkli baskı, ciltli

İNGİLİZCE BÜYÜK SÖZLÜK
- İngilizce-Türkçe/Türkçe-İngilizce, 140 bin sözcük
- 16 x 24 cm. 1830 sayfa, renkli, iplik dikişli, ciltli, şömiz kaplı

İNGİLİZCE BÜYÜK DEYİMLER SÖZLÜĞÜ
- İngilizce deyimlerin Türkçe anlamları ve örnek kullanılışları
- 16 x 24 cm. 540 sayfa

İNGİLİZCE AKTİF SÖZLÜK
- sözcüklerin en çok kullanılan anlamları, eş ve zıt anlamlıları
- sözcüklerin yanlış ve doğru kullanım örnekleri ve açıklaması
- 14x20 cm. 1172 sayfa, renkli baskı, iplik dikiş, özel ciltli, şöm

İNGİLİZCE KOLEJ SÖZLÜK
- 35 bin sözcük ve deyim, 10 binin üzerinde örnek cümle
- 11 x 16 cm. 746 sayfa

İNGİLİZCE İLKÖĞRETİM SÖZLÜĞÜ
- İngilizce-Türkçe/Türkçe-İngilizce, renkli resimli
- sözcüklerin okunuşu, cümle içinde kullanılışı ve anlamı
- 11,5 x 16 cm. 320 sayfa

İNGİLİZCE TEKNİK TERİMLER SÖZLÜĞÜ
- İngilizce-Türkçe/Türkçe-İngilizce, teknik terim ve sözcük
- 13,5 x 19,5 cm. 836 sayfa, renkli

İNGİLİZCE TİCARİ TERİMLER SÖZLÜĞÜ
- İngilizce-Türkçe/Türkçe-İngilizce, ticari terim ve sözcük
- 13,5 x 19,5 cm. 704 sayfa

İNGİLİZCE FEN TERİMLERİ SÖZLÜĞÜ
- İngilizce-Türkçe/Türkçe-İngilizce, fen terimi ve sözcük
- 13,5 x 19,5 cm. 606 sayfa

İNGİLİZCE TURİZM TERİMLERİ SÖZLÜĞÜ
- İngilizce-Türkçe/Türkçe-İngilizce, turizm terimi ve sözcük
- 11,5 x 16 cm. 496 sayfa

İNGİLİZCE TEKSTİL TERİMLERİ SÖZLÜĞÜ
- İngilizce-Türkçe/Türkçe-İngilizce, tekstil terimi ve sözcük
- 13,5 x 19,5 cm. 496 sayfa

SÖZCÜK ÖĞRETİM MATERYALİ

İNGİLİZCEDE EN ÇOK KULLANILAN İLK 1000 SÖZCÜK
- sözcüğün cinsi, okunuşu, anlamı ve cümle içinde kullanılışı
- 10 x 16 cm. 240 sayfa, renkli

İNGİLİZCEDE EN ÇOK KULLANILAN İLK 3 BİN SÖZCÜK
- ilk bin, ikinci bin ve üçüncü bin ayrı renkte, örnek cümleli
- 13 x 18,5 cm. 240 sayfa, renkli

CEP KARTLARIYLA İNGİLİZCE SÖZCÜKLER
- sınıflandırılmış sözcükler, okunuşları, anlamları
- her bölüm ayrı kartta, cepte taşınabilecek büyüklükte, pratik

CEP KARTLARIYLA TEMEL İNGİLİZCE
- dilbilgisi konularının basit, tablo ve cümlelerle anlatımı
- her bölüm ayrı kartta ve cepte taşınabilecek büyüklükte...

İNGİLİZCE SÖZCÜK ÖĞRENME KARTLARI
- en çok kullanılan ilk bin, ikinci bin ve üçüncü bin sözcük
- her bir kartta, ön yüzde İngilizce, arka yüzde Türkçe

GRAMER KİTAPLARI

İNGİLİZCE DİLBİLGİSİ
- grameri öğrenmek ve referans kitabı olarak kullanmak için
- 16 x 23 cm. 590 sayfa

İLERİ İNGİLİZCE DİLBİLGİSİ
- İngilizce grameri her yönüyle veren bir başucu kitabı
- 16 x 23 cm. 452 sayfa

BİR BAKIŞTA İNGİLİZCE DİLBİLGİSİ
- İngilizce dilbilgisi kitabının pratik ve kullanılışlı bir özeti
- 10 x 16 cm. 268 sayfa

İNGİLİZCE DİLBİLGİSİ TABLOSU
- İngilizce dilbilgisi kuralları tablolar halinde, pratik
- 10 x 28 cm. 16 bölüm

İNGİLİZCEDE GÜÇLÜKLER VE ÇÖZÜMLERİ
- İngilizceyi tam ve doğru olarak öğrenmek için...
- 16 x 23 cm. 540 sayfa

İNGİLİZCE ÇEVİRİ TEKNİĞİ
- doğru ve sistematik çeviri yapmanın yolları ve örnekleri
- 16 x 23 cm. 880 sayfa, renkli

DİL ÖĞRETİM KİTAPLARI

İNGİLİZCE İLK ADIM-1
- İngilizceyi temel düzeyde kendi kendine öğrenmek için...
- 16 x 23 cm. 292 sayfa, renkli

İNGİLİZCE İLK ADIM-2
- İngilizce İlk Adım-1 kitabının devamı, ilk kitabı bitirmiş olanlar için
- 16 x 23 cm. 274 sayfa, renkli

30 GÜNDE İNGİLİZCE
- İngilizceyi A-1 seviyesinde öğrenmek isteyenler için...
- 14 x 20 cm. ölçülerinde, 440 sayfa, renkli

30 GÜNDE İLERİ İNGİLİZCE (2 CD)
- İngilizce bilgisini A-2 seviyesinde yükseltmek isteyenlere...
- 14 x 20 cm. ölçülerinde, 400 sayfa, renkli

TEMBELLER İÇİN İNGİLİZCE
- İngilizceyi, az çalışarak ve kolayca öğrenmek isteyenlere
- 19,5 x 27,5 cm. büyük boy, 316 sayfa, renkli

İNGİLİZCE DEYİMLER-1
- en çok kullanılan deyimler kolaydan zora doğru sırayla...
- 13,5 x 19,5 cm. 192 sayfa, renkli, resimli

İNGİLİZCE DEYİMLER-2
- İngilizce Deyimler-1 kitabının devamı, ileri düzey deyimler..
- 13,5 x 19,5 cm. 192 sayfa, renkli, resimli

RESİMLERLE İNGİLİZCE
- resimli roman tadında İngilizce öğrenmek isteyenler için...
- 13,5 x 19,5 cm. 216 sayfa, renkli, resimli

İNGİLİZCE GÜNLÜK KONUŞMALAR
- çeşitli konularda, kişiler arasındaki konuşma örnekleri...
- 13,5 x 19,5 cm. 186 sayfa

İNGİLİZCE OKUNUŞ SÖYLENİŞ KURALLARI
- İngilizce sözcüklerin en doğru telaffuzları için...
- 11 x 16 cm. 206 sayfa

DİL ÖĞRETİM SETLERİ

HIZLI İNGİLİZCE - 1. BASAMAK
- İngilizceyi kendi kendine kolay ve hızla öğrenmek için...
- 16 x 23 cm. 3 kitap (toplam 424 sayfa), CD

HIZLI İNGİLİZCE - 2. BASAMAK
- 1. basamak setini bitirenler esas alınarak hazırlanmış...
- 16 x 23 cm. 3 kitap (toplam 412 sayfa), CD

HIZLI İNGİLİZCE - 3. BASAMAK (2 KİTAP, 2 CD)
- bu serinin 3. basamağı, ilk iki seviyeyi bitirenler için...
- 16 x 23 cm. 3 kitap (toplam 428 sayfa), CD

HIZLI İNGİLİZCE - 4. BASAMAK (2 KİTAP, 2 CD)
- bu serinin son seviyesi, İngilizceyi geliştirmek isteyenlere...
- 16 x 23 cm. 3 kitap (toplam 428 sayfa), CD

ÇOCUKLAR İÇİN İNGİLİZCE

İNGİLİZCE İLK BASAMAK (CD'li)
- çocukların zevkle, sıkılmadan öğrenecekleri renkli, resimli..
- 16 x 23 cm. 224 sayfa

İNGİLİZCE RESİMLİ SÖZCÜKLER
- pedagojik olarak çocuklara uygun sözcük seçimi, renkli..
- 16 x 23 cm. 144 sayfa

İNGİLİZCE ÖĞRETİM SETİ (4 KİTAP 2 CD)
- İlk Basamak, Resimli Sözcükler gibi kitaplardan oluşan set
- 6 kitap ve 2 adet telaffuz CD si

KONUŞMA KILAVUZLARI

PRATİK İNGİLİZCE EL KİTABI
- pratik konuşma kalıpları ve örnek cümleler
- 11 x 19 cm. 428 sayfa, renkli

İNGİLİZCE CEP KILAVUZU
- konuşma kılavuzunun pratik, kllanılılı cep versiyonu
- 9,5 x 13,5 cm. 428 sayfa, renkli

İNGİLİZCE HEMEN KONUŞMA KILAVUZU
- günlük ihtiyaçlar için kullanılacak sözler, sözcükler
- 11 x 16 cm. 288 sayfa

TURİSTİK İNGİLİZCE TABLOSU
- turistik gezilerde en çok kullanılan temel deyişler
- 11 x 20 cm. 14 bölüm, renkli

İNGİLİZCE-TÜRKÇE HİKÂYELER
- bir sayfası İngilizce karşı sayfası Türkçe, en basitten başlanarak derecelendirilmiş hikâyeler...

MEKTUP (1A)	11 x 16 cm. 186 sayfa
İHTİYAR ADAMIN DÜK. (1B)	11 x 16 cm. 194 sayfa
FAKİR BALIKÇI (1C)	11 x 16 cm. 174 sayfa
EVSİZ (1D)	11 x 16 cm. 192 sayfa
ESKİ SANDALYELER (1E)	11 x 16 cm. 192 sayfa
ADANIN ESRARI (2A)	11 x 16 cm. 168 sayfa
NEHİRDE MACERA (2B)	11 x 16 cm. 160 sayfa
YEDİ OYUN (2C)	11 x 16 cm. 224 sayfa
SİHİRLİ TERLİKLER (2D)	11 x 16 cm. 192 sayfa
LONDRA'DA BİR SABAH (2E)	11 x 16 cm. 192 sayfa
ARABİSTAN GECELERİ (3A)	11 x 16 cm. 220 sayfa
PRENS VE ARKADAŞI (3B)	11 x 16 cm. 182 sayfa
KAYIP ELMAS (3C)	11 x 16 cm. 194 sayfa
YAĞMUR ADAM (3D)	11 x 16 cm. 192 sayfa
TREN SOYGUNCULARI (3E)	11 x 16 cm. 192 sayfa
GÜLİVER'İN SEYAHATLERİ (4A)	11 x 16 cm. 176 sayfa
EMİL VE DEDEKTİF (4B)	11 x 16 cm. 186 sayfa
OSCAR WILDE'DAN HİK. (4C)	11 x 16 cm. 220 sayfa
OTUZDOKUZ BASAMAK (4D)	11 x 16 cm. 192 sayfa
SEYAHAT ÇEKİ (4E)	11 x 16 cm. 192 sayfa

İNGİLİZCE HİKÂYELER
- İngilizce öğrenenler için hazırlanmış, okuma ve okuduğunu anlama becerisi kazandıracak İngilizce olan hikâyeler

THE LOST DIAMOND	11 x 16 cm. 178 sayfa
TALES OF OSCAR WILDE	11 x 16 cm. 204 sayfa

MESLEKLER İÇİN İNGİLİZCE
- çalışanların mesleği ile ilgili işlerde ihtiyaç duyabileceği sözlerden ve sözcüklerden oluşan örnekler

ŞÖFÖRLER İÇİN İNGİLİZCE	11 x 16 cm. 210 sayfa
OTELLER İÇİN İNGİLİZCE	11 x 16 cm. 244 sayfa
SEKRETERLER İÇİN İNGİLİZCE	11 x 16 cm. 228 sayfa
GARSONLAR İÇİN İNGİLİZCE	11 x 16 cm. 224 sayfa
SATIŞ ELEMANLARI İÇİN İNG.	11 x 16 cm. 230 sayfa
SAĞLIK PERSONELİ İÇİN İNG.	11 x 16 cm. 204 sayfa